Evaluation des provisions techniques

Glory Kiboti

Evaluation des provisions techniques

Éditions universitaires européennes

Impressum / Mentions légales
Bibliografische Information der Deutschen Nationalbibliothek: Die Deutsche Nationalbibliothek verzeichnet diese Publikation in der Deutschen Nationalbibliografie; detaillierte bibliografische Daten sind im Internet über http://dnb.d-nb.de abrufbar.
Alle in diesem Buch genannten Marken und Produktnamen unterliegen warenzeichen-, marken- oder patentrechtlichem Schutz bzw. sind Warenzeichen oder eingetragene Warenzeichen der jeweiligen Inhaber. Die Wiedergabe von Marken, Produktnamen, Gebrauchsnamen, Handelsnamen, Warenbezeichnungen u.s.w. in diesem Werk berechtigt auch ohne besondere Kennzeichnung nicht zu der Annahme, dass solche Namen im Sinne der Warenzeichen- und Markenschutzgesetzgebung als frei zu betrachten wären und daher von jedermann benutzt werden dürften.

Information bibliographique publiée par la Deutsche Nationalbibliothek: La Deutsche Nationalbibliothek inscrit cette publication à la Deutsche Nationalbibliografie; des données bibliographiques détaillées sont disponibles sur internet à l'adresse http://dnb.d-nb.de.
Toutes marques et noms de produits mentionnés dans ce livre demeurent sous la protection des marques, des marques déposées et des brevets, et sont des marques ou des marques déposées de leurs détenteurs respectifs. L'utilisation des marques, noms de produits, noms communs, noms commerciaux, descriptions de produits, etc, même sans qu'ils soient mentionnés de façon particulière dans ce livre ne signifie en aucune façon que ces noms peuvent être utilisés sans restriction à l'égard de la législation pour la protection des marques et des marques déposées et pourraient donc être utilisés par quiconque.

Coverbild / Photo de couverture: www.ingimage.com

Verlag / Editeur:
Éditions universitaires européennes
ist ein Imprint der / est une marque déposée de
OmniScriptum GmbH & Co. KG
Heinrich-Böcking-Str. 6-8, 66121 Saarbrücken, Deutschland / Allemagne
Email: info@editions-ue.com

Herstellung: siehe letzte Seite /
Impression: voir la dernière page
ISBN: 978-3-8417-3823-3

Copyright / Droit d'auteur © 2015 OmniScriptum GmbH & Co. KG
Alle Rechte vorbehalten. / Tous droits réservés. Saarbrücken 2015

« Le succès vient à ceux qui persévèrent »

Martin Luther King

« *New York n'est pas la création des hommes, mais celle des assureurs. Sans les assurances, il n'y aurait pas de gratte-ciel, car aucun ouvrier n'accepterait de travailler à une pareille hauteur, en risquant de faire une chute mortelle et de laisser sa famille dans la misère. Sans les assurances, aucun capitaliste n'investirait des millions pour construire de pareils immeubles, qu'un simple mégot de cigarettes peut réduire en cendres. Sans les assurances personne ne circulerait en voiture à travers les rues. Un bon chauffeur est conscient de ce qu'il court à chaque instant le risque de renverser un piéton* ».

Henri FORD

DEDICACE

A Dieu, le Tout-Puissant et créateur de toute chose.

A Théophile KIBOTI, Simone KODI, et Thérèse MBALA, à mes frères et sœurs, ainsi que toutes les filles et tous les fils de la grande famille KODI, où qu'ils se trouvent ; je dédie ce travail.

Glory KIBOTI YANGA

REMERCIEMENTS

Nous n'aurions pu achever notre parcours universitaire sans le concours combien encourageant de beaucoup des personnes. Leur concours nous a aidés à surmonter nombreuses difficultés qui jalonnent le parcours universitaire.

C'est dans ce cadre que nous tenons à témoigner notre profonde gratitude au Très Haut pour son souffle de vie et des facultés intellectuelles qu'il nous a accordées.

Nous remercions très vivement, le Professeur LOKOLE KATOTO SHUNGU, Directeur de ce mémoire. Nous avons bénéficié de toute sa longue expérience scientifique. Nous en sommes fiers. Que le Chargé des Cours Claude KISHALA, qui ne s'est fatigué en aucun moment, de donner des orientations et suggestions pendant la rédaction de ce travail, trouve ici notre profonde gratitude, en sa qualité de rapporteur.

Nos remerciements s'adressent également à tous les professeurs, Chefs de Travaux, Assistant et Chargés des Cours de l'Université Libre de Kinshasa, et en particulier ceux de la Faculté des Sciences Economiques et de Gestion.

Notre reconnaissance va également vers Mr NKAKALA LAYI et tous les amis de la coordination des écoles conventionnées salutistes Kinshasa Centre et Ouest, à toute la grande famille salutiste pour tous les bienfaits et leur attention soutenue qu'ils n'ont jamais cessé de manifester.

Nous disons également merci à Evariste MWEPU, Michel MPIBWE, Trésor SESANGA, Erick FELE, Herschella BAKULA, Lisa MVEMBA, Giresse MWINDA, Jeer NSAMBI et Samuel VASSA pour le soutient total.

A toi Priscille MABWIDI, pour l'amour que tu n'as jamais cessé de témoigner à mon égard.

A tous les étudiants de L2 Economie Monétaire, Economie de Développement, Gestion Financière, Gestion des Assurances, à tous ceux dont leurs noms ne figurent pas ici, loin de dire que nous les avons oubliés. A toutes et à tous, nous disons encore merci.

Glory KIBOTI YANGA

LISTE DES ABREVIATIONS

- **B.I.F.** : Banques et Institutions Financières
- **C.A.** : Chiffre d'Affaires
- **C.P.** : Capitaux Permanents
- **D.C.T.** : Dettes à Court Terme
- **FC** : Franc Congolais
- **F.P.** : Fonds Propres
- **I.A.R.D.** : Incendie, Accidents et Risques Divers
- **N°** : Numéro
- **Ord-L** : Ordonnance – Loi
- **P.C.** : Prime Commerciale
- **P.M.** : Provision Mathématique
- **P.M.R.** : Provision Mathématique des Réassurances
- **P.P.** : Prime Pure
- **P.R.** : Prime de Risque
- **P.R.E.C.** : Provision pour Risques en Cours
- **P.S.A.P.** : Provision pour Sinistre à Payer
- **P.T.** : Provisions Techniques
- **R.C.** : Responsabilité Civile
- **R.D.C.** : République Démocratique du Congo
- **R.E.C.** : Risques en Cours
- **S.A.P.** : Sinistres à Payer
- **SONAS** : Société Nationale d'Assurances
- **T.F.R.** : Tableau de Formation de Résultat
- **T.V.E.** : Titres et Valeurs Engagés
- **U.L.K** : Université Libre de Kinshasa
- **USD** : Dollar Américain
- **V.E.** : Valeur d'Exploitation
- **V.D.** : Valeur Disponible
- **V.I.N.** : Valeur d'Immobilisation Nette
- **V.R.** : Valeur Réalisable

LISTE DES TABLEAUX

LISTE DES FIGURES

INTRODUCTION GENERALE

« Lorsque le passé n'éclaire plus l'avenir, l'esprit marche dans les ténèbres»

C'est par cette phrase que nous pouvons résumer l'objectif de notre travail de mémoire qui consiste à évaluer les provisions techniques d'une entreprise d'assurance.

En effet, faire une évaluation permet d'avoir une information spécifique sur la valeur de l'entreprise.

Ainsi, notre travail débutera par la présente introduction générale consistant à fixer le lecteur sur la problématique et les hypothèses, le choix et intérêt du sujet, la délimitation du sujet, le choix des techniques et méthodes utilisées, les difficultés rencontrées et, en dernier lieu, la subdivision du travail.

1. Problématique et Hypothèses

Lorsqu'une entreprise souhaite commercialiser son nouveau produit ou service, elle fixe son prix de vente en regard de son prix de revient. La seule inconnue reste alors le chiffre d'affaires, qui est fonction des quantités des biens ou services qui vont être vendus. L'assurance est le seul secteur économique dans lequel ce processus est inversé. La société d'assurance fixe a priori sa prime (prix de vente) et vend ses contrats. Elle connait donc son chiffre d'affaires avant de constater a posteriori les montants des sinistres et frais afférents (prix de revient). Les primes doivent être fixées en fonction d'estimations statistiques des montants futurs de sinistres[1].

La particularité du secteur d'assurance par rapport au reste du secteur économique réside dans le processus de la production et de la vente. Cette particularité engendre des obligations réciproques des parties au contrat, obligations qui dureront un certain temps plus ou moins long.

Dans le secteur économique général, les obligations des parties prennent aussitôt fin dès la réalisation de la vente.

Dans le secteur des assurances, la vente du produit d'assurance inaugure la période de l'obligation des prestations de l'entreprise d'assurance envers les

---

[1] www.wikipedia.com

assurés en contre partie de la prime d'assurance perçue de lui. Cette période dure le temps de la validité du contrat d'assurance.

Dans une compagnie d'assurance, la notion de fonds de roulement n'est d'aucune utilité et la notion de la couverture des certains passifs par les éléments d'actif est imposée par le principe des engagements réglementés qui disposent que les provisions techniques doivent à toute époque être représentées par des actifs équivalents[2].

Le rôle de l'assureur, c'est-à-dire la compagnie d'assurance, consiste à recevoir les clients et de leurs proposer moyennant un paiement, de les indemniser dans le cas où un risque leur survenait.

Pendant cette période, la compagnie d'assurance est détentrice des sommes importantes, formées par accumulation des primes ou cotisations perçues des souscripteurs des contrats d'assurance.

Les dites sommes constituent l'épargne des assurés, destinées pour leur grande part, au seul paiement des sinistres pour leur consommation définitive. Les provisions techniques constituent les garanties de la certitude d'exécution, par les entreprises d'assurance de leurs engagements envers les assurés, les souscripteurs et les bénéficiaires des contrats d'assurance.

Dans notre travail, il a été question d'aborder l'évaluation des provisions techniques et le coût de revient qui constituent les produits et les charges de l'entreprise.

A ce sujet, la préoccupation de notre étude est celle d'analyser le comportement des provisions techniques et de décortiquer les différents problèmes qui se posent en matière de leur gestion.

Ainsi, les principales questions de notre travail se résument comme suit :

➢ Comment se sont comportées les provisions techniques de la Sonas ?
➢ Les règles prudentielles de la gestion des provisions techniques à la Sonas sont-elles respectées ?
➢ S'il faut comparer les provisions techniques et ses représentations en actif, la société est-elle solvable ?

---

[2] KISHALA M. Cours de Gestion Financière des Entreprises d'Assurances, L2 GTA ULK, inédit

Les éléments de réponse à notre problématique constituent nos hypothèses qui sont, nous le savons bien, des réponses anticipées à tout travail de recherche qu'il faut infirmer ou confirmer selon le cas.

Pour répondre à notre problématique, nous sommes partis des hypothèses suivantes :

➢ Le comportement des provisions techniques de la Sonas dégagent une tendance vers la baisse ;
➢ Les règles prudentielles de la gestion des provisions techniques ne sont pas respectées car les provisions techniques sont utilisées pour d'autres fins ;
➢ La mauvaise gestion des provisions techniques ne rassure pas sa solvabilité.

2. Choix et Intérêt du sujet

La RDC, avec sa seule compagnie d'assurance, la Sonas qui œuvre dans une situation de monopole au lieu d'être en excédent de trésorerie, de liquidité, serait en déficit au point de ne même pas payer régulièrement les sinistres, qu'elle s'engage pourtant à couvrir auprès des assurés. D'où le choix de ce sujet qui porte sur l'évaluation des provisions techniques.

La prestation représente toujours un coût financier pour l'assureur, inconnu au début de la période d'assurance (alors que la prime a déjà été payée).

Dans l'industrie, lorsqu'un nouveau produit est mis sur le marché, on connaît avec précision le montant consacré à sa mise au point et, partant, son prix de revient.

Au contraire, lorsque l'assureur fixe la prime, il ne connaît pas avec précision le montant des sinistres et les frais de gestion occasionnés par ceux-ci, principe de l'inversion du cycle de production[3].

Du fait que le secteur de l'assurance se caractérise par la longueur et l'inversion du cycle de production, l'évaluation des provisions techniques nous paraît utile.

---

[3] www.procomptable.com

3. Délimitation du sujet

Tout travail scientifique doit être délimité dans le temps, dans l'espace et dans le domaine. Notre travail porte sur l'évaluation des provisions techniques d'une entreprise d'assurance. Nous étudions le cas de la Sonas pour la période étalée sur cinq ans, à savoir de 2004 à 2009.

4. Choix et techniques du travail

La pertinence de tout travail scientifique dépend en partie de l'utilisation d'un certain nombre des méthodes et techniques appropriées à l'objet de l'étude.

4.1. Techniques utilisées

Selon Jeannot WINGENGA, la technique est définie comme « l'ensemble des moyens et des procédés qui permettent au chercheur de rassembler des données et des informations sur son sujet de recherche ».[4]

Durant notre recherche, les techniques suivantes ont été utilisées:

- **Technique documentaire** : Cette technique nous a permis de fouiller systématiquement tout ce qui est écrit ayant une liaison avec le domaine des assurances: des ouvrages, des brochures, des documents inédits, des rapports, des bilans, des archives, etc.... Ici, il faut ajouter l'Internet dont l'usage nous a permis l'accès aux données plus récentes.
- **Technique d'interview** : Cette technique nous a aidé à recueillir des informations orales auprès des agents de la Sonas.

4.2. Méthodes utilisées

Notre recherche a fait recours aux méthodes suivantes : la méthode historique, la méthode analytique, la méthode synthétique et la méthode statistique.

- **Méthode analytique** : Cette méthode nous a aidés à analyser les bilans et les comptes de résultat de la Sonas dans le but de faire des interprétations.
- **Méthode synthétique** : après avoir décomposé le bilan en grandes masses, nous avons recouru à la méthode synthétique pour arranger

---

[4] J. WINGENGA, Méthodes de Recherche Scientifique, notes de cours, G2, ULK, 2007-2008, inédit

tous ces détails, les mettre ensemble pour formuler un pronostic sur deux dimensions qui sont la solvabilité et la rentabilité de la Sonas.

- **Méthode statistique** : Cette méthode nous a aidés à présenter les résultats sous forme de graphiques et de tableaux.

5. Difficultés rencontrées

Comme il est de coutume pour toute œuvre humaine, notre démarche dans la collecte des données n'était pas aisée ; nous avons rencontré d'énormes difficultés telles que refus par beaucoup de services de nous fournir certaines informations liées à cette recherche, manque du temps ou indisponibilité des responsables et agents de la Sonas de nous remettre les données voulues en temps opportun, indisponibilité liée à leurs occupations professionnelles. Nous tenons toutefois à les remercier pour les informations mises à notre disposition qui nous ont aidés à élaborer ce travail.

6. Subdivision du travail

Notre travail est subdivisé en une introduction générale, trois chapitres et une conclusion générale.

Le premier chapitre est consacré aux considérations théoriques. Ce chapitre nous permet de comprendre les différents concepts utilisés dans ce travail.

Le second chapitre présente en bref la Sonas, qui est notre cas pratique. Pour faire cette évaluation, il nous a paru utile de la placer d'abord dans son environnement.

Le troisième chapitre traite de l'évaluation des provisions techniques au sein de la Sonas.

CHAPITRE I : CONSIDERATIONS THEORIQUES

Dans ce chapitre, il est question d'abord de définir les différents concepts de base de notre sujet, avant de parler dans la deuxième section nous aurons à parler des provisions techniques.

<u>Section 1</u> : **Définition des principaux concepts du sujet**

Dans cette section, 6 concepts sont définis à savoir : assurance, évaluation, provisions, provisions techniques, entreprise et entreprise d'assurances

1.1. Assurance :

D'une manière générale, l'assurance peut être définie comme une réunion de personnes qui, craignant l'arrivée d'un événement dommageable pour elles, cotisent pour permettre à ceux qui seront frappés par cet événement, de faire face à ses conséquences.

D'une manière plus précise, selon M. Joseph Hémard : l'assurance est une opération par laquelle une partie, l'assuré, se fait promettre, moyennant une rémunération (la prime), pour lui ou pour un tiers, en cas de réalisation d'un risque, une prestation par une autre partie, l'assureur qui, prenant en charge un ensemble de risques, les compenses aux lois de la statistique[5].

1.2. Evaluation :

L'évaluation est l'action qui consiste à déterminer la valeur ou le prix d'un bien[6].

Etant donné que l'évaluation des entreprises n'est pas un problème simple à résoudre, des nombreux acteurs de la vie économique : épargnants, banquiers, traiteurs, dirigeants, administrateur fiscal, chercheurs et experts,..., s'intéressent chacun dans un but particulier pour des raisons spécifiques sur la valeur de l'entreprise. Un même objectif des connaissances avec une multitude des points de vue[7].

---

[5] COUILBAUT F. et ELIASHBERG C., <u>Les Grands Principes de l'Assurance</u>, 9ème édition l'Argus, p. 53
[6] J. LANDEL, <u>Lexique de termes d'Assurance</u>, 6ème édition l'Argus, p.214
[7] KISHALA M. Cours de Gestion Financière des Entreprises d'Assurances, L1 Gestion des Assurances, ULK 10-11

Dans la théorie financière, deux grands courants des pensées ont existé :

- Le courant de la structure optimale qui conduit à la maximisation de la valeur ;
- Le courant de la structure neutre où, il ya séparation entre valeur et structure du bilan.

1.3. Provisions[8] :

Somme qu'il faut mettre en réserve pour la couverture de risques en cours.

1.4. Provisions Techniques[9] :

Sont les épargnes des assurés constitués par l'assureur à partir des primes perçues. Elles sont destinées au paiement des dettes de l'assureur envers les assurés et autres bénéficiaires des contrats d'assurances.

1.5. Entreprise[10] :

Est un ensemble de moyens utilisé pour la réalisation au profit et sous la responsabilité d'une même personne juridique, les opérations commerciales ou financières pendant une période plus ou moins longue.

Selon l'approche universelle, l'Entreprise est une organisation qui met en œuvre différents facteurs de production (des hommes, des capitaux, des machines du savoir faire, des matières premières...) et les combine de façon optimale (recherche de l'efficacité dans tous le domaine) pour produire les biens et services.

Cette définition est universelle, elle s'applique en effet quelque soit la taille, le domaine d'action, le statut juridique, le régime politique et le niveau de développement du pays de l'entreprise.

Par ailleurs, Michel GERVAIS définit l'entreprise comme étant un système finalisé et adapté. La notion de finalité traduit le fait que l'entreprise n'est pas entièrement déterminée par son environnement mais qu'elle a la possibilité de

---

[8] J. LANDEL, Op. Cit. p. 428
[9] KISHALA M. Cours de Contrôle de Gestion des entreprises d'Assurances, L2 Gestion des Assurances, ULK 10-11 inédit
[10] KIBOTI Y., Problématique de gestion des primes au sein d'une entreprise d'assurances, cas de l'Assurance IARD au sein de la Sonas, ULK, FASEG, 2008-2009

choisir des buts, des objectifs et des moyens déterminant ses comportements futurs.

En tant que système finalisé et adaptif, l'entreprise doit assurer sa pérennité. D'après P. Alphonse VERHULST, l'entreprise est définie en tant que sujet d'activité économique comme : une cellule économique où sont combinés à l'initiative et sous la responsabilité de l'entrepreneur les facteurs : nature travail et capital, en vue de la production des biens et services dans le but de lucre.

L'entreprise étant par définition l'agent économique, exerce sont activité soit dans le secteur agricole, commercial et industriel.

1.6. Entreprise d'Assurance :

Nous pouvons définir une entreprise d'assurance à partir de ces fonctions. Il s'agit de ses fonctions essentielles au sein de l'entreprise d'assurance, celles qui constituent sa raison d'être, c'st-à-dire la constitution, la gestion et le maintien à l'équilibre de la mutualité des risques transférés par les assurés. Ces fonctions sont donc de trois sortes :

- ➢ Rédaction et émissions des contrats d'assurances
- ➢ Gestion et liquidation des sinistres
- ➢ Surveillance de portefeuille, statistique et prévision[11].

L'entreprise d'assurance peut également être définie comme une unité économique autonome produisant des services et distribuant des revenus en contrepartie de l'utilisation des facteurs et dont la finalité est de permettre l'indemnisation des dommages survenus aux biens et aux personnes grâce à la prise en charge d'un ensemble de risques et à leur compensation, moyennant le paiement d'une prime par l'assuré à l'assureur[12].

---

[11] YEATMAN J. Manuel International de l'Assurance, éd. Economica, Paris, P.227
[12] PETAUTON P., Théorie et Pratique de l'assurance vie, 3° édition, p 25

Section 2 : Les Provisions Techniques

Dans une compagnie d'assurance, la notion de fonds de roulement n'est d'aucune utilité et la notion de la couverture des certains passifs par les éléments d'actif est imposée par le principe des engagements réglementés qui disposent que les provisions techniques doivent à toute époque être représentées par des actifs équivalents.

En vue de garantir la sécurité des assurés, la société d'assurance doit constituer des réserves (provisions techniques) à partir de tout ou partie des primes. Ces provisions lui permettront de régler les sinistres et constituent donc une dette envers les assurés. L'assureur pourrait être tenté de diminuer le montant de ces réserves de manière à dégager du résultat, en attendant effectivement les sinistres. Une telle politique mettrait en péril la continuité de la société et au travers d'elle les intérêts des assurés. Dans l'intérêt des assurés, la capacité des sociétés d'assurances à faire face à leurs engagements doit être contrôlée[13].

Les provisions techniques qui sont un compte de passif sont constituées pour faire face aux sinistres futurs pour les risques dont la prime a déjà été encaissée. Elles doivent répondre au principe imposé par le législateur qui est celui des engagements réglementés et doivent à tout instant être représentées par des actifs équivalents.

C'est le poste le plus spécifique de l'assurance, le plus important du passif (60% à 80% du total), le plus délicat à établir, et en même temps, clé de voûte du bilan dans son ensemble puisque ces provisions doivent être représentées à l'actif parc des valeurs réglementées.

Le montant des provisions techniques est déterminé de manière à ce que la société soit en mesure de régler les sinistres.

Ces engagements qu'elle devra exécuter dans l'avenir prennent la forme de provisions techniques (au passif du bilan). En représentation de ces provisions, la compagnie d'assurance doit effectuer des placements mobiliers et immobiliers (actif du bilan). D'où l'existence à coté d'une fonction proprement technique d'une fonction financière qui joue un rôle essentiel dans l'équilibre et la croissance de l'entreprise[14].

---

[13] LUKAU NK. Cours de Gestion des Assurances, G1 GTA ULK,06-07, inédit
[14] S. UZAN, Pour Comprendre les comptes des entreprises d'assurances, 3ème édition l'Argus, Paris 1980, p11

L'assureur est par définition un opérateur qui détient des sommes des assurés destinées au financement des prestations en leur faveur à la survenance des sinistres. Les dites sommes sont constituées des parties des primes d'assurance versées par les assurés à l'assureur.

L'existence de ces sommes auprès de l'assureur est liée d'une part, à la durée de vie du contrat d'assurance, et d'autre au temps de règlement des sinistres.

Pendant cette durée, l'assureur a l'obligation de justifier soit :

❖ L'existence des dites sommes en attente de la survenance des sinistre ou à leur règlement ;
❖ Leur utilisation pour des prestations en faveur des assurés et autres bénéficiaires des contrats d'assurance.

La durée des contrats d'assurances ainsi que le temps de règlement des sinistres peut être long. Pendant ce temps, l'assureur regroupe, garde et gère ces sommes sous l'appellation des provisions technique. Ces dernières sont en réalité l'épargne des assurés constituée par l'assureur à partir des primes perçues d'eux. Elles ne doivent pas être assimilées à une réserve ou épargne des actionnaires devant servir à leur bénéfice[15].

Elles doivent être constituées pour faire face aux engagements envers les assurés et les bénéficiaires du contrat et leur montant doit être suffisant pour le règlement intégral de ces engagements. De ce fait, elles font l'objet d'une surveillance particulièrement attentive de la part de l'autorité de contrôle.

Elles sont calculées au brut de la réassurance, c'est-à-dire sans tenir compte de ce qu'une partie du risque n'a été cédée[16].

Les dettes de l'assureur naissent à la survenance des sinistres et sont constituées des sinistres en cours de règlement et ceux non encore connus. Ceux-ci font l'objet d'une évaluation correcte à la fin de chaque exercice comptable.

Ladite évaluation aboutit à la constitution des provisions techniques destinées à l'exercice qui suit l'exercice échu, pour le financement des prestations des sinistres chevauchant les deux exercices.

---

[15] GUY Simonet, Comptabilité des Entreprises d'Assurances, 3ème éd l'Argus, Paris 1990, p 129
[16] S. UZAN, Op. Cit. p.27

La constitution des provisions techniques correctes permet de connaître :

❖ La situation financière de la société ;
❖ Le prix de revient de risque exploité.

Les provisions techniques constituent la garantie de la parfaite exécution par l'assureur des engagements envers les assurés pour les prestations à la survenance des sinistres.

Les provisions techniques font l'objet d'un contrôle sévère et rigoureux de la part de l'autorité de contrôle, aussi bien pour leur constitution que pour leur gestion[17].

Les provisions techniques sont multiples et sont regroupées en deux catégories en fonction des branches d'assurances les ayants générées. Il s'agit des :

❖ Provisions techniques des sociétés d'assurance accidents et dommages généralement appelées sociétés d'assurances non vie ;
❖ Provisions techniques des sociétés d'assurances vie.

2.1. PROVISIONS TECHNIQUES DES SOCIETES D'ASSURANCES ACCIDENTS ET DOMMAGES

Le code des assurances cadre juridique soutenant la technique d'assurance prescrit aux sociétés d'assurances non vie, la tenue des provisions techniques suivantes :

- Provision mathématique des rentes ;
- Provision pour risque en cours ;
- Provision pour sinistres à payer ;
- Provision pour risques croissants ;
- Provision pour égalisations ; et
- Provision mathématique des réassurances vie.

2.1.1 Provision mathématique des rentes

La provision mathématique des rentes est l'ensemble des ressources financières correspondant à la valeur des engagements de la société en matière des rentes mises à charge, c'est-à-dire des dettes en faveur des tiers victimes

---

[17] KISHALA M. Op.cit.

d'accidents couverts par les assurances de responsabilité civile ou d'accident de travail, payables par tranches.

2.1.2 Provision pour risques en cours, REC en sigle

La provision pour risques en cours est l'ensemble des ressources financières destinées à couvrir les prestations potentielles et frais de gestion afférent à chacun des contrats d'assurances à prime payable d'avance pour la période comprise entre la date d'inventaire (31 décembre) et la date de la prochaine échéance, ou à défaut le terme fixé par le contrat.

2.1.3 Provision pour sinistres à payer

La provision pour sinistres à payer est l'ensemble des ressources financières représentant la valeur estimative des dépenses des prestations et des frais internes et externes nécessaires pour le règlement de tous les sinistres à savoir :

- Les sinistres réglés, mais non encore payés ;
- Les sinistres en instance de règlement ;
- Les sinistres non encore connus mais éventuels.

2.1.4 Provision pour risques croissants

Les risques croissants sont ceux dont la probabilité de réalisation croit ou augmente avec le temps. C'est le cas de risques maladie et invalidité dont les probabilités de réalisations augmentent avec le vieillissement.

Les assurances qui exploitent les risques croissants perçoivent des primes dites nivelées. Ces primes nivelées sont celles qui, par rapport à la probabilité de réalisation du risque au moment de leur perception, contiennent soit des excédents, soit des insuffisances, pendant un temps de la période de validité du contrat d'assurance.

Les excédents des primes sont destinés à constituer l'épargne appelée à supplier les insuffisances des primes.
L'épargne formée avec les excédents constitue la provision pour risques croissants, et se définit comme la différence des valeurs actuelles des engagements respectivement pris par l'assureur et les assurés.

2.1.5 Provision pour égalisation

La provision pour égalisation est l'ensemble des ressources financières destinées à couvrir les charges exceptionnelles des prestations à la survenance des sinistres des risques caractérisés par des fortes irrégularités pour leur réalisation, à l'instar de : risque atomique, risque RC pollution et risques dus à des éléments naturels (tempête, éruption volcanique).

2.1.6 Provision mathématiques des réassurances vie

La compagnie d'assurance non vie peut accepter en réassurance des risques d'une compagnie d'assurance vie. Dans ce cas, elle doit participer dans la constitution des provisions mathématique de la compagnie d'assurance non vie.

La provision mathématique des réassurances vie est l'ensemble des ressources financières d'une compagnie d'assurance non vie destinées à couvrir sa part dans les provisions mathématiques de la compagnie d'assurance vie dont elle a accepté les risques en réassurance.

2.2 PROVISIONS TECHNIQUES DES SOCIETES D'ASSURANCE VIE

Les provisions techniques des sociétés d'assurance vie sont multiples. Les plus constituées sont :

- la provision mathématique ;
- la provision pour participation aux excédents ; et
- la provision pour égalisation.

2.2.1 Provision mathématique, PM en sigle

Ces sont les provisions techniques afférents aux assurances sur la vie. Il faut noter que les compagnies IARD en constituent également, pour faire face aux règlements des rentes consécutives aux accidents. Ces provisions sont « calculées selon les méthodes actuarielles qui appartiennent aux sciences mathématiques »[18].

Elles représentent la différence entre les valeurs actuelles de dettes de l'assureur (paiement ultérieur des sinistres) et de l'assuré (paiement ultérieur des primes).

---

[18] S. UZAN, Op. Cit. p.29

Expliquons cette définition qui parait quelque peut hermétique, les primes annuelles en assurance vie, devraient aller en croissance, la probabilité de décès augmentant avec les années.

Cependant, pour des raisons commerciale et psychologique, on va faire payer à l'assuré de même montant.

Par ce nivellement, l'assuré paye des primes trop fortes les premières années et trop faible à la fin. La compagnie doit donc mettre en réserve ces excédents apparaissant pendant la première phase du contrat pour combler les insuffisances ultérieures.

2.2.2 Provision pour participation aux excédents

La provision pour participation aux excédents est le montant des bénéfices à attribuer aux bénéficiaires des contrats d'assurance lorsque ces bénéfices ne sont pas payables immédiatement âpres la liquidation de l'exercice les ayants produits.

2.2.3. Provision pour égalisation

Il s'agit des montants provisionnés pour permettre les fluctuations des taux des sinistres pour les années à venir dans le cadre des opérations d'assurance du groupe contre les risques décès.

2.2.4. Les Autres Provisions[19]

Ces provisions comprennent les provisions pour risques croissants au titre des risques maladie et invalidité (risque constant) ; la provision mathématique de rentes à servir au titre de contrat RC, et la provision pour risques d'exigibilité des engagements techniques.

En définitive, ce chapitre a été d'une importance capitale dans le sens qu'il nous a permis de comprendre les différents concepts clés de la matière à traiter.

Dans les lignes qui suivent, nous présenterons la Société Nationale d'Assurances, qui est notre champ d'application.

---

[19] LEDUIT J. ; EWALD F. ; et LORENZI J.H., Encyclopédie de l'Assurance, éd. Economica, Paris, p. 379

CHAPITRE II : PRESENTATION DE LA SONAS

Dans ce chapitre, nous allons présenter la Société Nationale d'Assurances. Ainsi, la première section de ce chapitre consistera à détailler les organes de la Sonas ; et la deuxième section parlera du préambule (la présentation proprement dite).

Section 1 : ORGANES DE LA SOCIETE

A la clôture des comptes 2009, la structure organique de la Sonas est à cheval entre l'ancienne et la nouvelle présentation préfigurant la prochaine entreprise commerciale.

Cette mutation a déjà été annoncée par le décret n°09/11 du mois d'Avril 2009.

La configuration de l'organe statutaire de la prochaine entreprise transformée en société commerciale sera nettement différente de l'actuelle. Elle comprendra les organes suivants :

> l'Assemblée Générale ;
> le Conseil d'Administration ;
> la Direction Générale ; et
> le Collège des Commissaires aux Comptes.

A la date de l'arrêté des comptes 2009, les organes en place se présentent encore de la manière suivante :

1. Le Conseil d'Administration

> Président   : Mr. BITIJULA MAHIMBA Martin
> Membres Administrateurs   :
>   o Madame AGITO AMELA Carole
>   o Monsieur MIKA KIBUMBU Toussaint
>   o Monsieur KISSIMBA LUTEMO Augustin
>   o Le représentant du Ministre des Finances
>   o Le représentant du Ministre du portefeuille

2. Direction Générale

➤ Administrateur Directeur Général   :
➤ Administrateur Directeur Général Adjoint : Mme AGITO AMELA Carole

3. Collège des Commissaires en Comptes

➤ KASEREKA KAMUHA Jean-Pierre
➤ BANDA NTANGOBONGO Nicolas
➤ KANIONGA TSHISEKEDI Jean-Denis

4. Comité de Gestion
5. Directions du Siège
6. Agences Provinciales (à Kinshasa et en Provinces)

Section 2 : **PREAMBULE**

1. Présentation de la Sonas

Dotée de la personnalité juridique, la Société Nationale d'Assurance « SONAS » est une entreprise publique instituée par l'Ordonnance-Loi n°66-622 du 23 Novembre 1966.

L'Ordonnance-Loi n° 78/194 du 05 Mai 1978, lui confère le statut d'une entreprise à caractère technico-commercial.

Elle est régit par les dispositions générales édictées par la loi n° 78-002 du 06 Janvier 1978 portant dispositions générales applicables aux entreprises publiques et par les dispositions particulières relevant de son statut.

A sa création l'Etat lui a conféré l'objet ci-dessous :

❖ Toutes les opérations d'assurances ;
❖ Les opérations de coassurance et de réassurance avec les sociétés d'assurances établies à l'étranger ;
❖ Toutes les opérations relatives à la gestion immobilière, notamment l'achat, la vente ou la location des immeubles appartenant en propre à la Sonas ou aux particuliers et dont la gestion lui est confiée ;
❖ Le service spécial de contrôle technique des véhicules automoteurs.

En autant d'années de monopole, la Sonas n'a pas pu exploiter judicieusement certains avantages lui conférés par le 1ᵉʳ Législateur qui incarnait l'Etat Congolais. Il s'agit notamment :

➢ De la gestion immobilière si elle a été un appui important aux finances de l'entreprise, cet organe ne joue plus qu'un rôle insignifiant dans l'ensemble des programmes d'exploitation de l'entreprise.
➢ Quant au service spécial de contrôle des véhicules, ce service n'a jamais fonctionné à la Sonas.

Il va s'en dire qu'à la transformation de la société et à l'ouverture du marché à la concurrence, les opérations de coassurance et de réassurance seront exécutées même par les nouvelles sociétés qui seront basées au pays.

Notons qu'en plus des produits traditionnels de base exploités en monopole depuis 1966, année de sa fondation : Assurances vie individuelles et groupes, Assurances Automobiles, Assurances transports fluviaux, maritimes et aériens, Assurance Incendie, Assurances des accidents et risques divers, la Sonas a procédé en 2008 au lancement à titre expérimental d'une gamme de nouveaux produits pour une plus grande pénétration du marché des assurances.

Il s'agit de :

➢ Assurance santé
➢ Assurance obsèques
➢ Assurance de téléphones portables
➢ Assurance perte de loyer bailleur
➢ Assurance globale des banques
➢ Assurance perte de l'indemnité journalière
➢ Assurance multirisques habitation
➢ Assurance de l'étudiant
➢ Assurance de protection juridique
➢ Assurance groupe Axa
➢ Assurance crédit commercial
➢ Assurance automobile au kilomètre
➢ Assurance taxi à prime journalière
➢ Assurance des pertes d'exploitation
➢ Assurance globale de collectivités locales
➢ Assurance tontinières
➢ Assurance bris de machines

- Assurance tous risques informatique
- Assurance des chambres froides, entrepôts et frigorifiques
- Assurance tous risques matériels électroniques, électriques et installation à courant faible
- Assurance de PME et PMI
- Assurance tous risque d'exploitations portuaires
- Assurance responsabilité civile des mandataires sociaux
- Assurance RC vélo et charrettes à bras (pousse-pousse)
- Assurance éducation
- Assurance globale des industries minières
- Assurance globale des exploitations forestières
- Assurance multirisques professionnelles
- Assurance tous risques exposition et manifestation foraines
- Assurance multirisque agricole
- Assurance individuelle occupant auto
- Assurance tous risque exposition
- Assurance responsabilité civile propriétaire des chiens
- Assurance responsabilité civile coureur cycliste
- Assurance responsabilité civile hippique
- Assurance propriétaire d'immeuble
- Assurance responsabilité civile hôteliers avec ou sans restauration
- Assurance responsabilité civile des professions de la santé
- Assurance multirisque industrielle
- Assurance responsabilité civile exploitation
- Assurance responsabilité civile garantie
- Assurance responsabilité civile société pétrolière
- Assurance responsabilité civile transporteur urbain des marchandises par route
- Assurance multirisques dommages
- Assurance responsabilité civile station service
- Assurance dégâts des eaux
- Assurance tous risques montage essai
- Assurance responsabilité civile propriétaire de navire
- Assurance corps de navire plaisance
- Assurance individuel accident
- Assurance corps aéronefs
- Assurance transport (facultés)
- Assurance responsabilité civile chef de famille
- Assurance bris de glace
- Assurance exploitation night club
- Assurance responsabilité civile association sportive

- Assurance responsabilité civile avitaillement
- Assurance responsabilité civile citernier
- Assurance responsabilité civile décennale

2. Dispersion Géographique

Le siège de la Sonas est établi à Kinshasa/Gombe au sein de l'immeuble SANKURU situé au croisement de l'avenue Bandundu et le Boulevard du 30 juin.

La Sonas a toujours cherché à mieux assurer la maitrise de la proximité d'assurances.

C'est ainsi que ses activités couvrent tout le territoire de la République Démocratique du Congo à travers ses représentations en provinces.

Dans ce cadre, onze (11) nouvelles agences ont été ouvertes en 2009, ramenant le nombre d'entités décentralisées à soixante quatorze (74), dont vingt sept (27) à Kinshasa et quarante sept (47) en provinces.

Suivant l'ordre de service n° 138/2009 en application de l'extrait des décisions du Conseil d'Administration du 08 et 12 Janvier 2009, les Agences sont regroupées en quatre (4) Directions Régionales :

- Direction régionale de Kinshasa
- Direction régionale du Bas-Congo
- Direction Régionale du Katanga, Kasaï Occidental, Kasaï Oriental, Nord-Kivu, Sud-Kivu et Maniema
- Direction Régionale de l'Equateur, Bandundu et de la Province Orientale

Elles sont composées chacune des agences reprises dans les ressorts respectifs.

a) Direction Régionale de Kinshasa

- Agence de Limete
- Agence de Gombe
- Agence de Bandalungwa
- Agence de Kasa-Vubu
- Agence de N'djili
- Agence de Lemba
- Agence de Ngaliema

- Agence de DGI/Gombe
- Agence Commercial du 30 juin
- Agence de Ngaba
- Agence de Kintambo
- Agence de Ndolo/Kingabwa
- Agence de Kinsunka
- Agence de Funa
- Agence de Mont-Ngafula
- Agence de Masina
- Agence de FIKIN
- Agence de Libération
- Agence de Sendwe
- Agence de Maluku (N'sele)
- Agence du Commerce
- Agence Sainte Thérèse
- Agence des Huileries
- Agence de Kimbanseke
- Agence de Barumbu
- Agence de Matete
- Agence de Ngiri-Ngiri

b) Direction Régionale Ouest

- Agence de Matadi
- Agence de Boma
- Agence de Mbanza-Ngungu
- Agence de Moanda
- Agence de Tshela

c) Direction Régionale Sud-est

c.1. Province du Katanga

- Agence de Lubumbashi
- Agence de Carrefour
- Agence de Kampemba
- Agence de Likasi
- Agence de Kasumbalesa
- Agence de Kolwezi
- Agence de Kalemie

- Agence de DPI/Lubumbashi
- Agence de Kamina
- Agence de Sakania
- Agence de Kongolo
- Agence de Kipushi
- Agence du Golf
- Agence de Katuba
- Agence de Ruashi

c.2. Province du Kasaï Oriental

- Agence de Mbuji-Mayi
- Agence de Dibindi
- Agence de mwene-Ditu
- Agence de Lodja
- Agence de Kabinda

c.3. Province du Kasaï Occidental

- Agence de Kananga
- Agence de Tshikapa
- Agence d'Ilebo

c.4. Province du Nord-Kivu

- Agence de Goma
- Agence de Butembo
- Agence de Beni

c.5. Province du Sud-Kivu

- Agence de Bukavu
- Agence d'Uvira

c.6. Province de Maniema

- Agence de Kindu

d) Direction régionale Nord-est

d.1. Province Orientale

- o Agence de Kisangani
- o Agence de Bunia
- o Agence d'Isiro
- o Agence de Buta
- o Agence de Watsa
- o Agence d'Aru
- o Agence de Mahagi

d.2. Province de l'Equateur

- o Agence de Mbandaka
- o Agence de Gemena
- o Agence de Bumba
- o Agence de Gbadolite

d.3. province de Bandundu

- o Agence de Kikwit
- o Agence de Nioki

3. Partenariat

Tenant compte de l'espace géographique de notre pays et des habitudes du secteur, la Sonas exploite aussi le marché des assurances grâce au concours de plusieurs partenaires locaux et étrangers notamment :

- Les courtiers locaux et étrangers
- Les réassureurs
- Les producteurs indépendants

Ce chapitre, est aussi utile, puisqu'il faut limiter le travail dans l'espace, et nous avons choisi la Sonas puisqu'elle est l'unique entreprise qui exploite les assurances dites traditionnelles ou classiques dans notre pays, et ensuite, elle nous a servi du champ de bataille.

CHAPITRE III: EVALUATION DES PROVISIONS TECHNIQUES AU SEIN DE LA SONAS

Après avoir parcouru les deux premiers chapitres consacrés essentiellement à la prise des connaissances des considérations théoriques et du champ d'application de notre travail, le présent chapitre constitue le pilier de notre recherche. Il est fondé sur le diagnostic de la constitution des provisions techniques dans la première section, de leurs évaluations dans la deuxième section et ensuite des problèmes posés et pistes des solutions dans la troisième section.

Section 1: **La constitution des provisions techniques**

Rappelons que les provisions techniques sont des provisions imposées par la législation d'assurance destinées à permettre le règlement intégral des engagements pris par l'assureur envers les assurés et les bénéficiaires de contrat.

Ce sont des engagements réglementés que l'entreprise d'assurances doit à tout instant être à mesure de justifier l'évaluation[20].

En ce qui concerne la constitution des provisions techniques, l'entreprise d'assurances, en l'occurrence la Sonas, doit constituer ces dernières en se référant aux éléments contenus au tableau ci-dessous :

Tableau III.1. : **Eléments Constitutifs des Provisions Techniques**

Nature de la provision	Assurance vie et capitalisation	Assurance non vie (IARD)
Provisions des primes pour sinistres à survenir	Provisions mathématiques	Provisions R.E.C
Provisions pour sinistres	Provisions pour sinistres restant à payer	Provisions S.A.P
Autres		prov. Mathématiques de réassurances ;

Source : Tiré du cours de Comptabilité des entreprises d'assurances

---

[20] KISHALA M. Cours de comptabilité des entreprises d'assurances, L1 GTA, ULK, 2009-2010, inédit

Ces provisions doivent être calculées sans déductions des réassurances cédées car l'assureur direct reste le seul responsable vis-à-vis de l'assuré. Elles doivent suffisamment être constituées afin de permettre le règlement intégral des engagements de l'assureur.

Elles sont calculées à partir[21] :

- ❖ des règles légales et réglementaires, lesquelles sont plus ou moins précises selon les attentes du législateur ;
- ❖ de principes de place, relevant du « bon usage » ;
- ❖ des règles mathématiques, issues d'une modélisation, d'un point de vue statistique et probabiliste, des engagements de l'assureur.

Elles doivent en principe être placées dans des emplois financiers définis par la règlementation et assurant le maximum de sécurité et de liquidité (emprunt d'Etat notamment). Elles correspondent à une part très importante du passif du bilan des compagnies d'assurances, et leur évaluation annuelle a donc un impact important sur le résultat de la compagnie d'assurances[22].

Avant de passer complètement aux éléments constitutifs des provisions techniques, nous allons d'abord voir comment la prime payée se décompose pour enfin constituer les provisions techniques.

Le tableau n° III.2 ci-dessous nous présente la composition de la prime pure

---

[21] www.wikipédia.com
[22] Idem

Tableau n° III.2. : **Composition de la Prime Pure**

Eléments de la prime			Rôle	(%)
Prime Commerciale	**Prime du risque**	Prime pure	**Frais face aux sinistres** Coût statistique du risques et frais directement imputables aux dossiers : expertise et frais judiciaires	66
		Chargements	**Faire face aux frais généraux de l'entreprise** gestion des risques pendant la période de garantie	6
			Etablissement des contrats et des quittances ;	6
			Rémunération du capital (bénéfice de l'entreprise)	2
			Faire face aux frais d'acquisition : commissions aux intermédiaires	20
	TOTAL			**100**

<u>Source</u> : Cours de Comptabilité des entreprises d'assurances

Toute fois, en ce qui concerne la Sonas, nous allons parler que de trois (3) types des provisions techniques fondamentales à savoir :

Les provisions Risques en Cours (R.E.C)⎤ **Assurance non vie**
Les provisions Sinistres à Payer (S.A.P) ⎦

Les provisions Mathématiques ⟶ **Assurance vie**

1.1. Méthodes de calcul des provisions pour Risque en Cours(R.E.C)

La provision pour risque en cours, R.E.C. en sigle se calcule uniquement pour tout contrat d'assurance dont la période de validité chevauche sur deux exercices comptables successifs.

Elle se comprend comme la portion de la prime perçue d'avance non consommée lors de l'exercice de perception. Elle est destinée à être transférée à l'exercice succédant celui de sa perception.

La provision REC repose sur la connaissance de 2 éléments fondamentaux et se calcule à l'aide de 3 méthodes possibles.

a. Eléments fondamentaux de calcul de la provision REC

Les éléments fondamentaux pour le calcul de la provision REC sont :

- ❖ L'assiette des primes ou les primes à reporter ;
- ❖ La prime d'inventaire.

a.1. Assiette des primes

L'assiette des primes appelée aussi primes à reporter est l'ensemble des primes perçues d'avance au cours d'un exercice dont une partie est appelée à être transférée à l'exercice succédant celui de leur perception.

L'assiette des primes ou les primes à reporter est obtenue par la sélection des contrats d'assurance dont les périodes de validité chevauchent sur 2 exercices comptables successifs. Il s'agit des contrats d'assurance de durée :

- Annuelle pour ceux souscrits après le 1 janvier ;
- Semestrielle pour ceux souscrits au second semestre ;
- Trimestrielle pour ceux souscrits au quatrième trimestre ;
- Mensuelle pour ceux souscrits au mois de décembre.

a.2. Prime d'inventaire

La prime d'inventaire est la portion de la prime commerciale destinée au financement des prestations et des frais de gestion durant la période de validité du contrat d'assurance.

Si la période de la validité s'étend sur 2 exercices comptables successifs, la prime d'inventaire doit se repartir sur les deux exercices de façon proportionnelle.

La prime d'inventaire est égale à la prime commerciale diminuée de ses composantes consommables à la souscription du contrat d'assurance, et qui sont :

- Les frais d'acquisition des contrats d'assurance ;
- Les frais de quittance et de recouvrement de primes ;
- La rémunération du capital.

La prime d'inventaire est formée de la prime pure et des frais de gestion.

b. Formule de calcul de la provision REC

La formule de calcul de la provision REC exploite les deux éléments fondamentaux comme suit :

PRC = Assiette des primes (primes à reporter) x $\dfrac{\text{Prime d'inventaire}}{\text{Prime commerciale}}$

c. Applications de la formule de calcul de la provision REC

La formule de calcul de la provision REC est appliquée par 3 méthodes possibles à savoir :

- ❖ La méthode police par police ou prorata temporis ;
- ❖ La méthode forfaitaire ou minimale de 36% ;
- ❖ La méthode suffisante de 1/24.

c.1 Méthode police par police ou prorata temporis

Cette méthode est obtenue par la sommation de celles obtenues par chaque police concernée.

Elle engendre un travail administratif fastidieux et un coût e gestion très lourd. Elle ne connait pas encore une application généralisée.

c.2 Méthode forfaitaire ou minimale de 36%

Elle se construite sur les valeurs standard des composantes de la prime commerciale pour la rentabilité d'une compagnie d'assurance.
L'expérience a révélé les valeurs standards des composantes de la prime commerciale pour une exploitation rentable comme suit :

➢ La prime pure : 66%
➢ Les frais de gestion : 6%
➢ Les frais de quittance : 6%
➢ La rémunération du capital : 2%
➢ Les frais d'acquisitions : 20%

La prime d'inventaire selon le standard est de 72% la prime commerciale.

La forfaitaire ou minimale du calcul de la provision REC pose deux préalables pour son application à savoir :

➢ Les contrats d'assurances générant l'assiette des primes ont tous leur échéance le 1er juillet ;
➢ Les composantes de la prime commerciale ont des valeurs standard et la prime d'inventaire est de 72%.

La première condition repartit la période de validité de chaque contrat d'assurance de façon égale à chaque année impliquée dans la période de validité du contrat. La part de la période revenant à chaque année est de 6/12.
Le taux de la prime d'inventaire revenant à chaque année implique dans la période de validité du contrat d'assurance devient :

72% x 6/12 = 36%

Alors dans ce cas, la formule de calcule de la provision REC devient :

PREC = Assiette des primes (primes à reporter) x 36%

c.3 Méthode suffisante de 1/24

La méthode suffisante a pour base d'application le mois de souscription de tout contrat d'assurance concerné par le calcul de la provision REC.
L'échéance d'un tel contrat est fixée au 15 du mois. Le mois est divisé en 2 périodes de 15 jours, et l'année en 24 périodes de 15 jours chacune.

Le report des primes est fait en tenant compte du nombre des périodes de 15 jours sur 24 impliquées dans le transfert de la prime à l'année succédant celle de sa perception.

Les contrats d'assurances concernés par le calcul de la provision REC sont regroupés par mois de souscription pour la sommation de leurs primes et la détermination du nombre des périodes de 15 jours sur 24 concerné pour le transfert d'une partie de leurs primes.

Les primes à reporter sont calculées mois par mois en multipliant leur somme mensuelle par le nombre des périodes de 15 jours à reporter, et en divisant le produit ainsi obtenu par 24. Les primes à reporter calculées mois par mois sont sommées pour former l'assiette des primes de l'année. Cette dernière ainsi obtenue sera multipliée par la prime d'inventaire pour l'obtention de la provision REC.

1.2. Méthodes de calcul des provisions pour Sinistre à Payer (S.A.P.)

Les provisions pour sinistres à payer SAP en sigle, se calcule par exercice entendu comme suit :

- ❖ L'année de souscription de contrat d'assurance pour les assurances transport, maritime et aviation ;
- ❖ L'année de survenance des sinistres pour les autres branches d'assurances.

Les provisions SAP se calcule par application de l'une des méthodes suivantes :

- ❖ La méthode de base ou dossier par dossier ;
- ❖ La méthode de la cadence de règlement ;
- ❖ La méthode coût moyen ;
- ❖ La méthode forfaitaire ou minimale ou de blocage des primes.

a. Méthode de base ou dossier par dossier

Cette méthode recense tous les dossiers sinistres non encore payés, et calcule chacun d'eux l'indemnité à payer en s'appuyant sur les données ci-après :

- ➢ Les renseignements déjà disponibles sur les sinistres ;
- ➢ Le coût des sinistres analogues payés dans un passé proche ;

> La conjoncture économique ;
> Le montant de l'arrêt de la justice.

La provision SAP pour la branche est obtenue par la sommation des indemnités déterminées pour l'ensemble des dossiers sinistres.

b. Méthode de la cadence de règlement

La cadence de règlement est le rythme de paiement des sinistres d'un exercice donné de chaque branche. Elle révèle 2 informations importantes sur la liquidation des sinistres survenus lors d'un même d'exercice à savoir :

> Le nombre d'années impliquées dans la liquidation de ces sinistres ;
> Le pourcentage de paiement des sinistres pour chaque année.

La cadence de règlement des sinistres est établie sur base des statistiques élaborées suivant le rythme des paiements des sinistres. L'élaboration des statistiques fiables exige le paiement régulier des sinistres conformément aux clauses contractuelles.

La cadence de règlement fait correspondre au montant des indemnités payées au cours d'un exercice impliqué dans le paiement des sinistres, un pourcentage calculé sur l'ensemble d'indemnités payées pour les sinistres dudit exercice.

Le pourcentage des indemnités payées et le montant des indemnités payées au titre d'un exercice et le rang de l'année de paiement par rapport à l'année de référence constituent les données nécessaires pour le calcul de la provision pour sinistres à payer pour l'exercice de paiement.

Avec ces données, la formule de calcul de la provision SAP est :

PSAP = montant des indemnités payées x le % des indemnités restant à payer
Le % des indemnités payées pour l'exercice du paiement

Le montant des indemnités payées au cours d'un exercice donné comparé au montant total des indemnités payées pour l'ensemble des sinistres du même exercice de référence permet de calculer le pourcentage de paiement de l'exercice de paiement. L'ensemble des pourcentages de paiement des sinistres calculés pour chaque exercice impliqué dans le paiement des sinistres forme la cadence de règlement.

Cette méthode exige pour son efficacité, la régularité dans les procédures de paiement des sinistres.

c. Méthode de coût moyen

Le coût moyen est la moyenne des dépenses des sinistres d'un exercice donné. Ce coût s'obtient par la division de la somme formée par le montant des indemnités payées et le montant de la provision pour sinistre à payer par le nombre de sinistres.

Le coût moyen d'un exercice donné peut servir de base de calcul de la provision SAP pour l'exercice qui lui succède lorsque les données suivantes de cet exercice sont disponibles :

➢ Le pourcentage de variation des prix entre les 2 exercices ;
➢ Le montant des indemnités payées pour l'exercice concerné dans le calcul de la provision SAP ;
➢ Le nombre des sinistres de l'exercice concerné par le calcul de la provision SAP ;
➢ Le montant des indemnités payées au cours de l'exercice qui précède celui concerné par le calcul de la provision SAP,
➢ La provision SAP pour l'exercice qui précède celui concerné par le calcul de la SAP ;
➢ Le nombre des sinistres de l'exercice précédent celui concerné par le calcul de la provision SAP.

Les données sus-évoquées permettent le calcul de la provision SAP de l'exercice, en effectuant les opérations suivantes :

❖ Calcul du coût moyen de l'exercice :

Coût moyen de l'exercice précédent x % de variation des prix

❖ Calcul des dépenses des sinistres de l'exercice :

Coût moyen calculé de l'exercice x nombre des sinistres

❖ Provision SAP :

Dépenses des sinistres calculés – le montant des indemnités payées

d. Méthode forfaitaire au minimale ou de blocage des primes

Cette méthode affecte, après déduction de toutes les dépenses d'un exercice donné, les primes acquises nettes d'annulation et des taxes à la provision pour sinistres à payer.

L'application de cette méthode nécessite la disponibilité des données ci-après de l'exercice concerné par le calcul de la provision SAP à savoir :

➢ Le montant des primes émises nettes d'annulation ;
➢ Le montant des indemnités payées pour les sinistres de l'exercice et des exercices antérieurs ;
➢ Le montant dépensé pour les frais généraux et les commissions de l'exercice ;
➢ Le montant de la provision REC de l'exercice précédent.

La Provision SAP sera obtenue à la suite des opérations suivantes :

▪ Calcul du chiffre d'affaires de l'exercice :

Primes émises nettes d'annulations de l'exercice + provision REC de l'exercice précédent – provision REC de l'exercice.

▪ Calcul de la prime pure acquise de l'exercice

Prime acquise de l'exercice – frais général et commissions de l'exercice

▪ Calcul de la provision SAP

Prime pure acquise de l'exercice – le montant payé des sinistres aux cours de l'exercice

1.3. Les Provisions Mathématiques[23]

1.3.1. Définition

Les provisions mathématiques sont à l'époque de l'évaluation la différence entre d'une part la valeur actuelle probable des engagements pris par l'assureur et des charges de gestion liées aux contrats en cours, et d'autre part la valeur actuelle probable des engagements pris par les souscripteurs.

On parle à ce propos de conception prospective parce qu'on examine pour le calcul des engagements, uniquement ce qui peut se passer après l'époque d'évaluation. Bien que la notion soit collective (on ne peut envisager des valeurs probables que pour la mutualité), on parle couramment des provisions au pluriel, parce que dans la pratique on doit effectuer le calcul contrat par contrat et que la première étape est l'évaluation d'une provision mathématique individuelle.

Il faut noter que les engagements dont on parle ici sont en fait ceux qui découlent des intentions formulées par les parties aux contrats, mais ils ne s'exécuteront pas forcement. En effet les payeurs de primes périodiques ne sont pas totalement liés : ils peuvent cesser leurs versements à tout moment au risque de voir alors la garantie de l'assureur modifiée. Ainsi, les PM sont calculées comme si les contrats devraient se poursuivre jusqu'à leur terme normal (décès donnant lieu au sinistre, ou échéance finale). Les chutes de contrats par cessation de versements de primes ou rachats, les modifications ultérieures de garanties par accord des parties, ne sont pas envisagés. Il importera de vérifier que ces événements ou des conséquences financières dont la valeur est inférieure ou égale aux provisions constituées.

1.3.2. La conception prospective des provisions

A la souscription, pour tout contrat d'assurance, la valeur actuelle probable de l'engagement de l'assureur + la valeur actuelle probable des dépenses de gestion est égale à la valeur actuelle probable de l'engagement du payeur des primes. A toute époque ultérieure la somme des 2 première éléments devient supérieure ou égale au troisième. Donc à un instant donné, pour l'ensemble des contrats d'une société, la valeur actuelle probable des engagements de l'assureur et coût de gestion qui leur sont liés est supérieure ou égale à la valeur actuelle probable des engagements des payeurs de prime. Autrement dit la dette actualisée moyenne qu'a l'assureur envers les assurés

---

[23] P. PETAUTON, <u>Théorie et Pratique de l'assurance vie</u>, 3° édition, p.p 137-146

est au moins égale à la créance actualisée moyenne sur les payeurs de prime. En supposant que ceux-ci ne mettent pas fin prématurément aux contrats. On pourrait envisager d'inscrire ces deux termes évalués respectivement au passif et à l'actif du bilan (le passif est supérieur à l'actif), mais la créance probable sur les assurés pourrait se révéler irrécouvrable, dans la mesure où les contractants peuvent toujours interrompre le paiement des primes. Comme ces écritures passives et actives sont indissolublement liées dans les contrats, on peut faire leur compensation et le solde qui est une dette résiduelle figure au passif sous la rubrique « provisions mathématiques ».

1.3.3. La conception rétrospective

Pour que la provision mathématique puisse être constituée. Il est nécessaire que l'assureur dispose préalablement en moyenne d'excédent des primes. Il est alors naturel d'envisager la constitution de la provision mathématique à partir de la capitalisation des excédents annuels des primes par rapport aux besoins de couverture. On se heurte parfois à une difficulté au moment de l'affectation des sommes ; en effet, à un instant donné t, l'engagement résiduel de l'assureur peut prendre a priori des valeurs différentes suivant les circonstances et il doit alors être couvert par des provisions différentes.

1.3.4. La conception comptable

La définition prospective de la PM implique que la valeur actuelle probable du résultat d'exploitation d'un contrat d'assurance jusqu'à son terme, apprécié à tout instant, doit être nulle, si la mortalité et les taux d'intérêts effectifs ont bien été pris en compte dans la tarification. Il en résulte que la valeur actuelle probable du résultat sur un intervalle de temps quelconque (t, t+t') doit être nulle.

: **Présentation des Matériels d'analyse**

Cette section sera consacrée à la présentation des différents matériels d'analyse qui va nous permettre de bien évaluer les provisions techniques. Il s'agit notamment de :

- Bilans condensés ;
- Bilans condensés cristallisés ;
- bilans synthétiques ; et
- tableaux de formation des résultats

2.1. Bilan Condensé de la Sonas

Tableau n° III.3. : **Bilans condensés de la Sonas de 2004 à 2009 en 10^3USD**

Années Rubriques	2004	2005	2006	2007	2008	2009
Actif						
V.I.N	4.999,15	6.411,02	8.739,30	6.722,50	5795,03	8.907,00
V.E	2.606,32	4.758,08	1663,80	1.177,30	793,00	1.552,50
V.R	16.083,60	11.849,00	18.795,00	17.618,30	22.758,12	59.493,31
V.D	239,80	635,00	1.119,00	859,00	1351,25	5.883,00
Total	23.938,87	23.653,10	30.317,10	26.371,10	30.697,40	75.835,81
Passif						
F.P.	4.428,54	6.374,12	5.051,40	3.422,00	2.377,21	4.044,00
P.T.	6.178,60	979,40	955,60	315,13	2.507,00	3.398,00
D.C.T.	13.321,76	16.300,00	24.268,30	19.804,00	25.813,41	68.394,35
Total	23.938,87	23.653,10	30.317,10	26.371,10	30.697,40	75.835,81

Source : Elaboré par nous sur base du Bilan de la Sonas

Nous remarquons que la masse bilantaire de la Sonas est passée de 23.938,87$ en 2004 à 75.835,81$ en 2009, soit une progression de l'ordre de 216%.

2.2. Bilan Condensé Cristallisé de la Sonas

Tableau n° III.4. : **Bilan condensé cristallisé de la Sonas de 2004 à 2009**

Années / Rubriques	2004	2005	2006	2007	2008	2009
Actif						
V.I.N	21	27	29	25	19	12
V.E	11	20	5	5	3	2
V.R	67	50	62	67	74	78
V.D	1	3	4	3	4	8
Total	100	100	100	100	100	100
Passif						
F.P.	18	27	17	13	8	5
P.T.	26	4	3	12	8	5
D.C.T.	56	69	80	75	84	90
Total	100	100	100	100	100	100

Source : Elaboré par nous sur base du Bilan condensé de la Sonas

Le tableau ci-haut nous montre que les dettes à court terme de la Sonas sont supérieures aux provisions techniques.

2.3. Bilan Synthétique de la Sonas

Tableau n° III.5 : **Bilan synthétique de la Sonas de 2004 à 2009 en 10^3 USD**

Années / Rubriques	2004	2005	2006	2007	2008	2009
Actif						
V.I.N	4.999,15	6.411,02	8.739,30	6.722,50	5.795,03	8.907,00
V.C.	18.929,73	16.972,08	21.755,80	19.654,6	24.902,37	66.928,41
Total	23.938,87	23.653,10	30.317,10	26.371,10	30.697,40	75.835,81
Passif						
C.P.	10.067,14	7.353,52	6.007,00	3.737,13	4.884,21	7.442,00
D.C.T.	13.321,76	16.300,00	24.268,30	19.804,41	25.813,41	66.928,81
Total	23.938,87	23.653,10	30.317,10	26.371,10	30.697,40	75.835,81

Source : Elaboré par nous à partir du Bilan condensé de la Sonas

Nous remarquons que la masse bilantaire de la Sonas est passée de 23.938,87$ en 2004 à 75.835,81$ en 2009, soit une progression de l'ordre de 216%

2.4. Tableau du Formation des Résultats

Tableau n°III.6 : **T.F.R. condensé de la Sonas de 2004 à 2009 en 10^3 USD**

Années Comptes	2004	2005	2006	2007	2008	2009
70	20.696,6	24.508,3	28.330,8	35.180,2	31.323,9	48.691,8
60	8.061,1	5.551,6	6.517,3	8.467,1	8.747,1	14.404,1
80	12.635,5	18956,8	21.813,5	26.712,3	22.576,0	34.287,6
80	12.635,5	18956,8	21.813,5	26.712,3	22.576,0	34.287,6
71	72,5	872,3	204,0	168,1	165,1	137,2
73	-	0,33	1,3	-	0,25	1,1
61	1.124,3	1.532,7	2.079,8	2.604,0	1.807,2	3.997,5
62	206,1	429,0	542,4	613,4	480,7	966,4
63	2.065,4	2.470,1	3.872,1	4.116,1	4.332,5	7.711,6
81	9.312,6	15.397,6	15.524,3	19.546,7	16.121,2	21.749,7
81	9.312,6	15.397,6	15.524,3	19.546,7	16.121,2	21.749,7
74	-	3.745,5	2.569,2	168,1	1.045,2	19.299,7
77	3.330,8	4,1	4.3	2.8	0,8	6,2
64	20140,3	2.522,4	37.451,2	1.929,2	3.303,5	5.577,9
65	7.625,3	10.184,8	12.354,4	17.145,8	15.731,6	34.209,2
66	2.435,1	12,2	80,5	132,5	33,8	59,1
67	19,3	9,1	3,3	59,1	98.3	490,5
69	6,1	-	-	-	-	-
82	2.559,8	6.418,6	531,3	451,0	1.039,5	1.469,4
82	2.559,8	6.418,6	531,3	451,0	1.039,5	1.469,4
78	-	60,1	-	-	3.039,5	750,4
68	2.538,8	6.452,1	508,6	599,1	980,0	1.444,3
83	20,9	27,0	22,5	148,1	60,0	25,2
83	20,9	27,0	22,5	148,1	60,0	25,2
85	20,9	27,0	22,5	148,1	60,0	25,2
86	-	12,7	9.1	-	24,0	10,1
87	-	16,0	13,5	148,1	35,9	15,1

Source : Elaboré par nous à partir des Tableaux de Formation des Résultats de La Sonas

Le T.F.R. de la Sonas nous renseigne ce qui suit :
- la Valeur ajoutée de la Sonas est passée de 9.312,6$ en 2004 à 21.749,7$ en 2009, soit une progression de 133% ; et
- le résultat brut d'exploitation est passé de 2.559,8 en 2004 à 1.469,4$ en 2009 soit une baisse de -43% par rapport à l'année de base.

<u>Section 3</u> : **Evaluation des Provisions Techniques**

Cette section consacrée à 'évaluation des provisions techniques est répartie en deux points : (1) analyse du comportement des provisions techniques et ses représentations en actif et (2) calcul des différents ratios en rapport avec les provisions techniques.

3.1. Analyse du comportement des Provisions Techniques et ses représentations en actif

Cette analyse porte sur neuf points à savoir :
- les provisions pour sinistres à payer
- les provisions pour risques en cours
- les provisions mathématiques
- les provisions techniques
- les titres et valeurs engagées
- les banques et institutions financières
- le poids des provisions mathématiques dans le chiffre d'affaires
- ratio provision SAP/REC
- le poids des provisions techniques dans le chiffre d'affaires

3.1.1. <u>Provisions pour Sinistres à Payer</u>

Les provisions pour sinistres à payer sont reprises dans le tableau III.7 ci-après :

Tableau n°III.7 : **Evolution des Provisions pour Sinistres à Payer de la Sonas de 2004 à 2009**

Années	SAP (10^3FC	C.C.	SAP ($10^3$$)	Indice	variation
2004	1.252.065,8	398,30	3143,5	100	-
2005	932.276,9	473,78	1967,7	63	-37
2006	224.815,8	468,05	480,3	15	-75
2007	812.971,5	516,68	1573,5	50	+227
2008	1.184.188,1	916,46	1.292,1	41	-17
2009	1.104.988,1	851,04	1650,9	53	+27
Total	-	-	10.108	322	+125
Moyenne	-	-	1.684,7	53	+20,8
Plancher	224.815,8	-	480,3	15	-75
Plafond	1.404.988,1	-	3.143,5	100	+227

<u>Source</u> : Elaboré par nous sur base du bilan de la Sonas

En examinant le tableau ci-dessus, nous constatons ce qui suit :
- D'une année à une autre, les provisions SAP de la Sonas se sont accrues de 20,8% en moyenne avec un plancher de -75% observée en 2006 et un plafond de +227% enregistré en 2007.
- Par rapport à l'année de base, les provisions SAP ont chuté de 53% en moyenne avec un plancher enregistré en 2006, soit une baisse de l'ordre de 47% et un plafond observé en 2004, soit une égalité.

Dans l'ensemble, nous constatons que les provisions SAP dégagent une évolution en dents de scie.

Figure n° III. 1 : **Allure de la courbe de l'évolution des indices
des provisions SAP de la Sonas de 2004 à 2009**

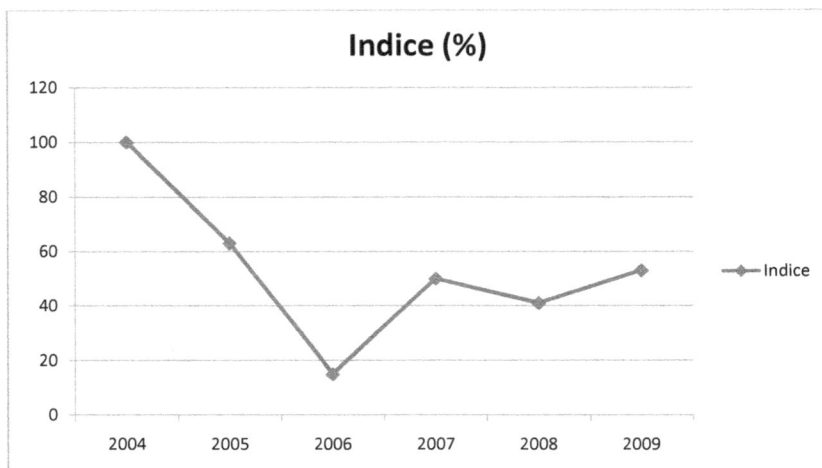

Source : Elaboré par nous à partir du tableau n° III.7.

La courbe des indices des provisions SAP ci-dessus présente une allure décroissante de 2004 à 2006, semi-croissante en 2007, décroissante en 2008, puis croissante en 2009.

3.1.2. Provisions pour Risques en Cours

Tableau n° III.8 : **Evolution des Provisions REC de la Sonas de 2004 à 2009**

Années	REC(10^3FC	C.C.	REC (10^3\$)	Indice	variation
2004	1.181.124,8	398,30	20965,4	100	-
2005	1.484.696,6	473,78	3.133,7	105	+5,6
2006	234.369,7	468,05	500,7	16	-84,1
2007	734.602,5	516,68	1.421,7	47	+183,9
2008	1.072653,7	916,46	1.170,4	39	-17,6
2009	1.305903,7	851,04	1.534,4	51	+31,1
Total	-	-	10.726,3	358	+118,9
Moyenne	-	-	1787,7	59	+19,8
Plancher	234.639,7	-	500,7	16	-84,1
Plafond	1.484.696,6	-	3.133,7	105	+183,9

Source : Elaboré par nous sur base du bilan de la Sonas

En examinant ce tableau, nous constatons que :
- D'une année à une autre, les provisions REC de la Sonas se sont accrues de 19,8% en moyenne avec un plancher de -84,1% observé en 2006 et un plafond de +183,9% enregistré en 2007.
- Par rapport à l'année de base, les provisions REC ont chuté de 59% en moyenne avec un plancher enregistré en 2006, soit une baisse de l'ordre de 41% et un plafond observé en 2005, soit une hausse de 5%.

Dans l'ensemble, nous constatons que les provisions REC dégagent une évolution en dents de scie.

Figure n° III.2 : **Allure de la courbe de l'évolution des indices des Provisions REC de la Sonas de 2004 à 2009**

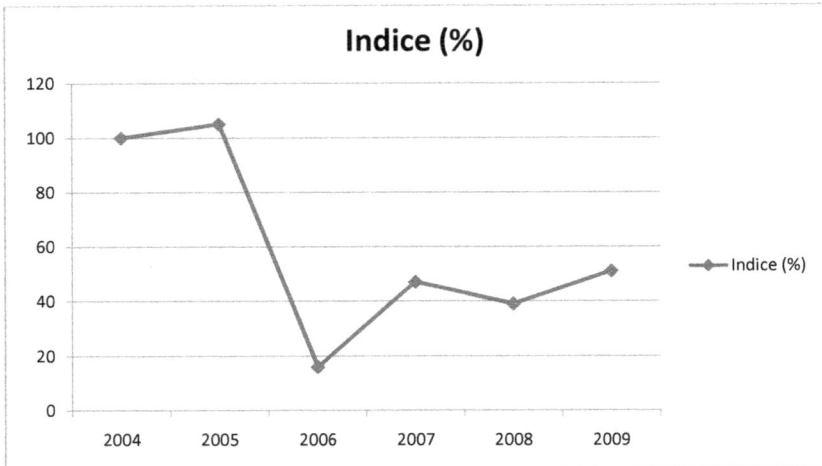

Source : Elaboré par nous à partir du tableau n°III.8

La courbe des indices des provisions REC ci-haut présente une allure décroissante de la période allant de 2005 à 2006, puis en 2008 ; et une allure croissante en 2004 ; 2007 et 2009.

3.1.3. Provisions Mathématiques

Tableau n° III.9 : **Evolution des Provisions Mathématiques de la Sonas de 2004 à 2009**

Années	PM(10^3FC)	C.C.	PM (10^3\$)	Indice	variation
2004	27.949,9	398,30	70,1	100	-
2005	6.795,2	473,78	14,3	20	-79,6
2006	6.795,2	468,05	14,5	20	+1,3
2007	80.679,1	516,68	156,1	222	+976,5
2008	40.339,5	916,46	44,0	62	-71,8
2009	180.949,5	851,04	212,6	303	+383
Total	-	-	511,6	727	+1.209,4
Moyenne	-	-	85,3	121	+201,5
Plancher	6.795,2	-	14,3	20	-79,6
Plafond	180.949,5	-	212,6	303	+976,5

Source : Elaboré par nous sur base du bilan de la Sonas

En examinant le tableau ci-dessus, nous constatons ce qui suit :
- D'une année à une autre, les PM se sont accrues de 201,5% en moyenne avec un plancher de -79,6% observé en 2005 et un plafond de +976,5% enregistré en 2007 ;
- Par rapport à l'année de base, les PM ont augmenté de 121% en moyenne avec un plancher de 20% enregistré en 2005 et 2006 ; soit une hausse de l'ordre de 21% et un plafond observé en 2009, soit une hausse de 203%.

Figure n° III.3: **Allure de la courbe de l'évolution des indices des PM de la Sonas de 2004 à 2009**

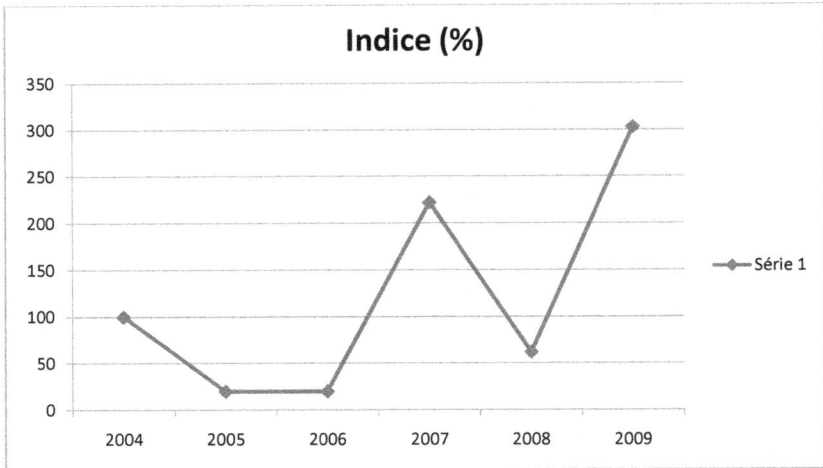

Source : Elaboré par nous à partir du tableau n°III.9.

La courbe des indices des PM présente une allure décroissante en 2007 ; stable en 2005 et 2006, croissante en 2007, décroissante en 2008 et enfin croissante en 2009.

3.1.4. Provisions Techniques

Tableau n° III.10 : **Evolution des Provisions techniques de la Sonas**
de 2004 à 2009

Années	PT(10^3FC)	C.C.	PT ($10^3$$)	Indice	variation
2004	2.461.140,6	398,30	6.179,1	100	-
2005	2.423.768,7	473,78	5.115,7	83	-17,2
2006	465.980	468,05	995,7	16	-80,5
2007	1.628.253,1	516,68	3.151,5	51	+216,5
2008	2.297.181,5	916,46	2.506,6	41	-20,4
2009	2.891.841,5	851,04	3398,0	54	+35,5
Total	-	-	21.346,7	345	+133,9
Moyenne	-	-	3.557,8	57	+22,3
Plancher	465.980	-	995,7	16	-80,5
Plafond	2.891.841,5	-	6.179,1	100	+216,5

Source : Elaboré par nous sur base du bilan de la Sonas
En examinant ce tableau, nous constatons ce qui suit :
- D'une année à une autre, les PT se sont accrues de 22,3% en moyenne avec un plancher de -80,1% enregistré en 2005 et un plafond de +216,5% observé en 2007 ;
- Par rapport à l'année de base, les PT ont chuté de 57% en moyenne avec un plancher enregistré en 2005, soit une baisse de l'ordre de 43% et un plafond de +216% observé en 2004, soit une égalité.

Dans l'ensemble, nous constatons que les PT de la Sonas évoluent en dents de scie.

Figure n° III.4 : **Allure de la courbe de l'évolution des indices des Provisions Techniques de la Sonas de 2004 à 2009**

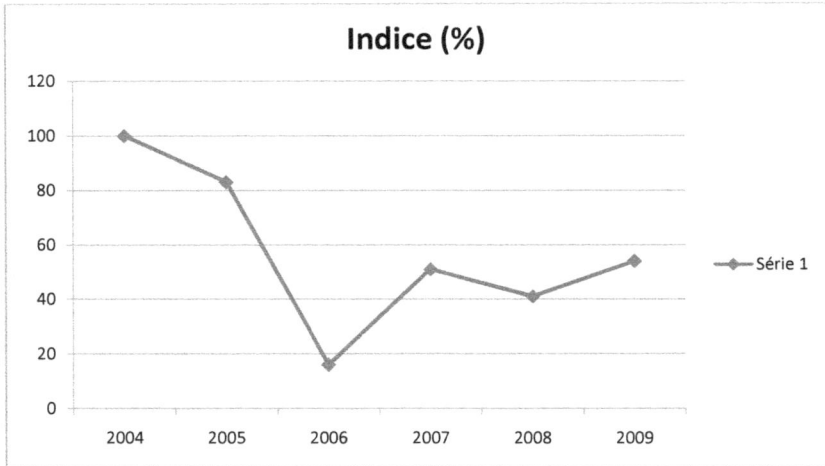

Source : Elaboré par nous à partir du tableau n°III.10

La courbe des indices des P.T de la Sonas ci-haut présente une allure décroissante en 2004 à 2006 ; puis en 2008 ; et croissante en 2007 et 2009.

3.1.5. Titres et Valeurs engagés

Tableau n° III.11 : **Evolution des Titres et Valeurs engagés de la Sonas de 2004 à 2009**

Années	TVE(10^3FC	C.C.	TVE(10^3\$)	Indice	variation
2004	101.494,5	398,30	254,8	100	-
2005	101.494,5	473,78	214,2	84	-15,9
2006	101.494,5	468,05	216,8	85	+1,2
2007	77.236,5	516,68	149,5	59	-31,1
2008	250.551,8	916,46	273,4	107	+82
2009	338.062,1	851,04	397,2	155	+45,2
Total	-	-	1.505,9	590	+81,6
Moyenne	-	-	250,9	98	+13,6
Plancher	77.236,5	-	149,5	59	-31,1
Plafond	338.062,1	-	397,2	155	+82

Source : Elaboré par nous sur base du bilan de la Sonas

En examinant ce tableau, nous constatons ce qui suit :
- D'une année à une autre, les TVE de la Sonas se sont accrus de +13,6% en moyenne avec un plancher de -31,1% enregistré en 2007 et un plafond de +82% observé en 2008.
- Par rapport à l'année de base, les TVE ont chuté de 2% en moyenne avec un plafond enregistré en 2007, soit une baisse de l'ordre de 41% et un plafond observé en 2009, soit une hausse de l'ordre de 55%

Dans l'ensemble, les TVE de la Sonas dégagent une tendance haussière.

Figure n° III.5 : **Allure de la courbe de l'évolution des indices des Titres et Valeurs engagés de la Sonas de 2004 à 2009**

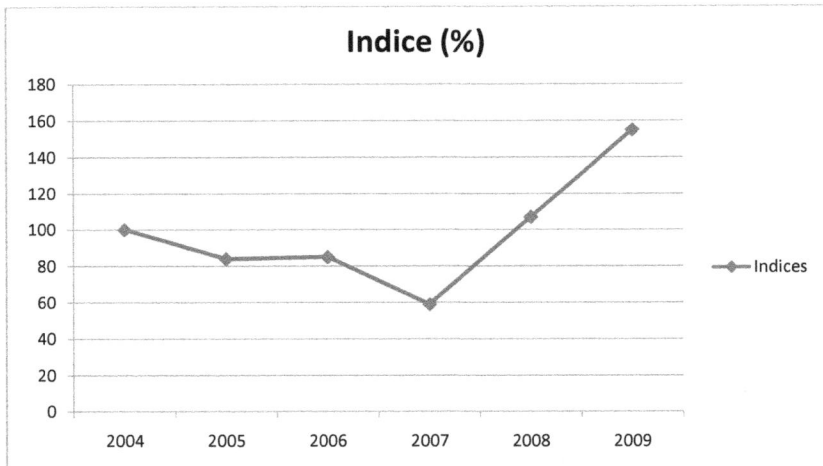

Source : Elaboré par nous à partir du tableau n° III.11

La courbe des indices des TEV de la Sonas présente une allure décroissante de la période suivante : 2004 ; 2005 ; 2007 et croissante en 2006 et pour le reste de la période (2008 ; 2009)

3.1.6. Banques et Institutions Financières

Tableau n° III.12 : **Evolution des Banques et Institutions Financières de la Sonas de 2004 à 2009**

Années	BIF (10³FC)	C.C.	BIF (10³$)	Indice	variation
2004	63.813,2	398,30	160,2	100	-
2005	183.072,6	473,78	386,4	241	+141,1
2006	89.306	468,05	190,8	119	-50,6
2007	137.488,9	516,68	266,1	166	+39,4
2008	879.486,9	916,46	959,6	599	+260,6
2009	4.369.753,1	851,04	5.134,6	3.205	+435,1
Total	-	-	7.097,7	4.430	+786,2
Moyenne	-	-	1.182,9	738	+131,1
Plancher	63.813,2	-	160,2	100	-50,6
Plafond	4.369.753,1	-	5.134,6	3.205	+435,1

Source : Elaboré par nous sur base du bilan de la Sonas

En examinant le tableau ci-dessus, nous constatons ce qui suit :
- D'une année à une autre, le compte BIF de la Sonas se sont accrus de +131,1% en moyenne avec un plancher de -50,6% observé en 2006 et un plafond de +435,1% enregistré en 2009.
- Par rapport à l'année de base, le compte BIF ont progressé de 638% en moyenne avec un plancher réaliser en 2004 soit une égalité, et un plafond enregistré en 2009, soit une augmentation de l'ordre de 3.105%.

Dans l'ensemble nous remarquons que les comptes banques et institutions financières de la Sonas présente une situation tendant vers le haut.

Figure n° III.6 : **Allure de la courbe de l'évolution des indices des banques et Institutions Financières de la Sonas de 2004 à 2009**

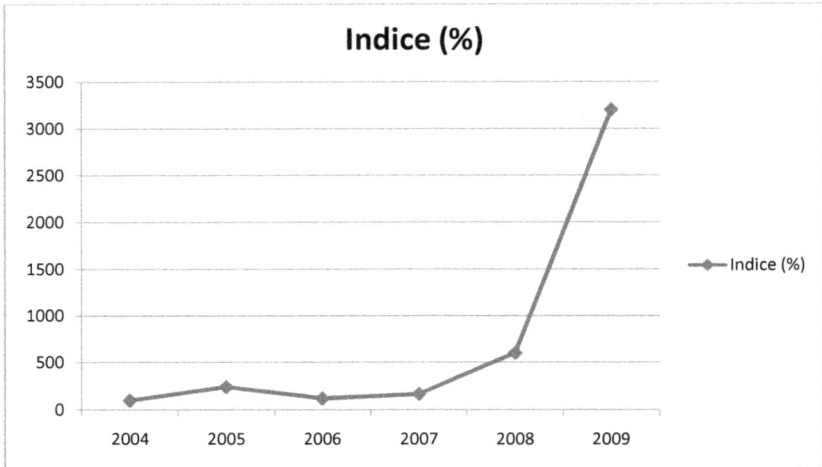

Source : Elaboré par nous sur base du tableau n°12

La courbe des indices ci haut présente une allure décroissante en 2005 et croissante pour le reste de la période.

3.1.7. Poids des Provisions Mathématiques dans le Chiffre d'Affaires

Tableau n° III.13 : **Evolution de poids des PM dans le CA de la Sonas de 2004 à 2009 en 10^3 USD**

Années	2004	2005	2006	2007	2008	2009
A. PM	70,1	14,3	14,5	156,1	44	212,6
B. CA (70+71)	20.769,1	25.487,8	28.534,8	35.197,3	31.489,6	48.828,9
Poids : A/B x 100	0,33	0,05	0,05	0,44	0,13	0,43
Indice	100	15	15	133	40	130

Source : Calculs faits par nous-mêmes à partir des bilans de la Sonas

Le tableau ci-haut nous fait remarquer que le poids des PM dans le CA de la Sonas est faible, ce ratio varie entre 0,05 et 0,44 durant la période sous examen. Entre autre ce ratio dégage une tendance timidement haussière.

Figure n° III.7 : **Allure de la courbe de l'évolution des indices des poids des PM**
Dans le CA de la Sonas de 2004 à 2009

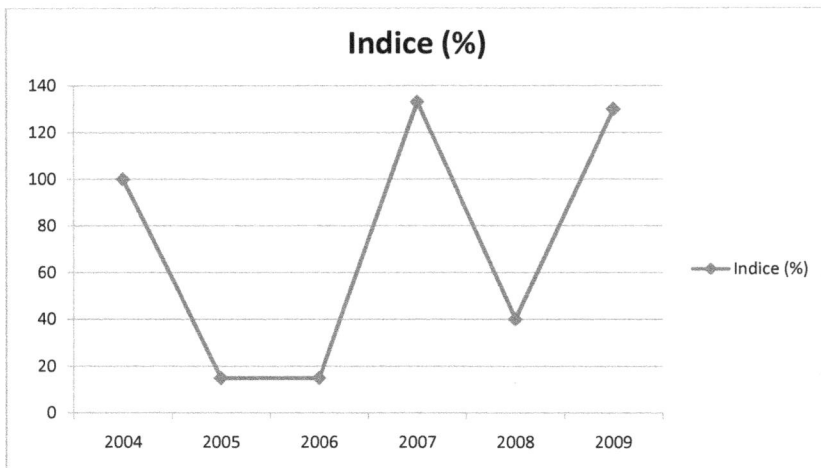

Ce courbe présente une allure décroissante de la période allant de 2004 et celle de 2008 ; puis croissante en 2006 et 2009

3.1.8. Ratio Provisions SAP/REC

Tableau n° III.14 : **Evolution du Ratio SAP/REC de la Sonas de 2004 à 2009**

Années	2004	2005	2006	2007	2008	2009
A. SAP	3.143,5	1.967,7	480,3	1.573,5	1.292,1	1.650,9
B.REC	2.965,4	3.133,7	500,7	1.421,7	1.170,7	1.534,4
R= A/B x 100	106	63	96	111	110	108
Indice	100	59	91	104	103	101

Source : Calculs faits par nous-mêmes à partir des bilans de la Sonas

Ce tableau nous montre que le ratio SAP/REC de la Sonas est faible, il varie entre 63 et 111 durant la période examinée

Figure n° III.8 : **Allure de courbe de l'évolution des indices du ratio SAP/REC de la Sonas de 2004 à 2009**

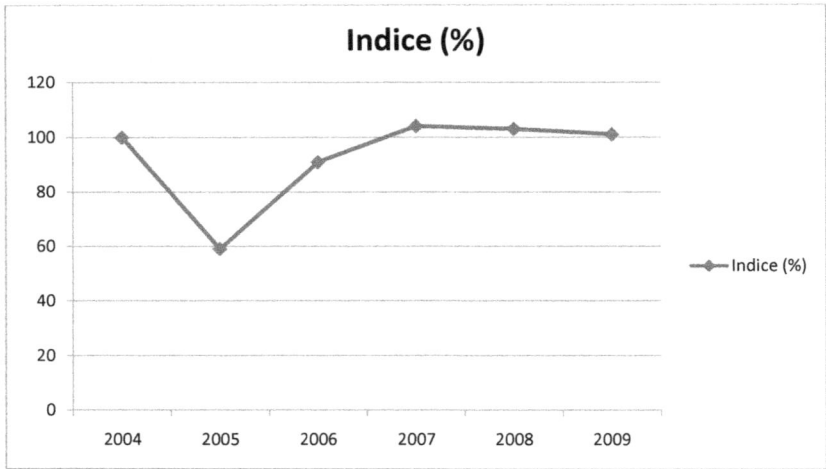

Source : Elaboré par nous à partir du tableau n°14

La courbe ci-dessus présente une courbe évoluant en dents de scie

3.1.9. Poids des Provisions Techniques dans le Chiffre d'Affaires

Tableau n° III.15 : **Evolution du poids de PT dans le CA
de la Sonas de 2004 à 2009**

Années	2004	2005	2006	2007	2008	2009
A. PT	6.179,5	5.115,8	995,7	3.151,5	2.506,6	3.398
B. CA (70+71)	20.769,1	25.487,8	28.534,8	35.197,3	31.489,6	48.828,9
Poids : A/B x 100	30	20	4	9	8	7
Indice	100	67	13	30	27	23

<u>Source</u> : Calculs faits par nous-mêmes à partir des bilans de la Sonas

Ce tableau nous montre que le ratio des PT/CA est en moyenne élevé, il varie entre 4 à 30% durant toute la période examinée.

Figure n° III.9 : **Allure de la courbe de l'évolution des indices du Poids des PT dans le CA de la Sonas de 2004 à 2009**

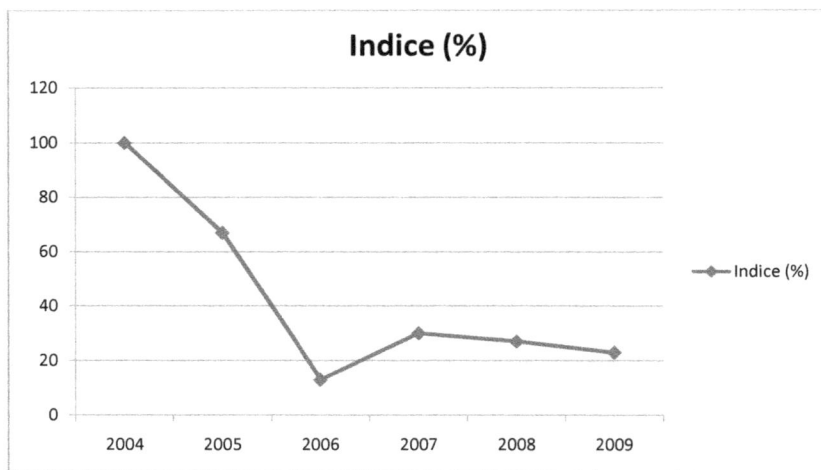

La courbe des indices du poids des PT dans le CA présente une allure décroissante de 2004 à 2006 ; croissante pour l'année 2005 et décroissante pour le reste de la période.

3.2. Calculs des Différents Ratios en rapport avec les Provisions Techniques

Dans cette section, nous aurons à calculer les différents ratios en relation avec les provisions techniques. C'est ainsi, cet exercice portera sur 3 grands ratios différents : solvabilité, structure financière et gestion.

3.2.1. Ratio de la Solvabilité

Pour calculer ce ratio, nous allons tenir compte de deux ratios ci-après :

1. Ratio de l'autonomie financière

Ce ratio ce calcule par la formule suivante : **Fonds Propres**
Total Passif

D'où, par rapport à notre travail, ce ratio au sein de la Sonas se présente de la manière que voici :

Tableau n° III.16 : **Ratios de l'autonomie financière**

Années	2004	2005	2006	2007	2008	2009
A. F.P.	4.428,5	6.400,6	5.051,3	3.421,7	2.377,2	4.043,8
B. Total Passif	23.928,8	23.752,5	30.316,8	26.377,1	30.697,2	75.836,2
Ratio : A/B x 100	19	27	17	13	8	5

Source : Calculs faits par nous-mêmes à partir des bilans condensés de la Sonas

Pour qu'une entreprise d'assurance soit solvable, il faut que son ratio d'autonomie financière soit supérieur ou égal à 30%, mais en ce qui concerne la Sonas, nous constatons que pendant la période sous examen, ce ratio est toujours inférieur à 30%, ce qui suppose que la Sonas n'a pas une forte autonomie financière.

Ratio de la Protection des assurés
Pour mesurer le niveau de la protection des assurés, il faudra que le rapport entre les provisions techniques et le total passif soit supérieur à 70%.

D'où, ce ratio se calcul comme suit : **Provisions Techniques**
Total Passif

Tableau n° III.17 : **Ratios de la protection des assurés**

Années	2004	2005	2006	2007	2008	2009
A. P.T.	6.178,5	985,5	995,6	3.151,4	2.506,6	3.398,1
B. Total Passif	23.928,8	23.752,5	30.316,8	26.377,1	30.697,2	75.836,2
Ratio : A/B x 100	26	4	3	12	8	5

Source : Calculs faits par nous-mêmes à partir des bilans condensés de la Sonas

En regardant ce tableau, nous voyons que la Sonas n'est pas solvable, puis ce que les provisions techniques étant un poste clé du bilan d'une société d'assurance devrait avoir un ratio supérieur à 70%, or, notre société prouve déjà son insuffisance en matière de sa solvabilité.

3.2.2. Le Ratio de la Structure Financière

Ce grand ratio nous permettra de calculer :

1. Le Ratio de Placement

Nous calculerons ce ratio à partir de la formule suivante : **Placements**
                                                                  Provisions Techniques

Tableau n° III. 18 : **Ratios de placement**

Années	2004	2005	2006	2007	2008	2009
a) Placements	415	600,6	407,6	415,6	1.233	5.531,8
b) P.T.	6.178,5	985,5	995,6	3.151,4	2.506,6	3.398,1
Ratio : A/B X 100	7	61	41	13	49	162

Source : Calculs faits par nous-mêmes à partir des bilans condensés de la Sonas

Ce tableau nous montre que pendant la période sous examen la Sonas à belle et bien effectué des placements, et en 2005, il y a un accroissement de 54% par rapport à l'année de base et en 2009, nous remarquons une hausse considérable du taux de placement

2. Le Ratio des Provisions techniques à charges des Réassureurs

Ce ratio se calcul par : **dépôts des Réassureurs**
PT à charges des Réassureurs

Tableau n° III.19 : **Ratios des PT/charges des réassureurs**

Années	2004	2005	2006	2007	2008	2009
a) Dép. Réas	2.606,3	4.778,2	1.664	1.177	793	1.552,5
b) P.T. Réas	16	472	-	-	-	-
Ratio : A/B X 100	162	10	-	-	-	-

Source : Calculs faits par nous-mêmes à partir des bilans condensés de la Sonas

Ce tableau nous montre que la Sonas n'a réalisé l'opération de réassurance que vers les deux premières années et le reste de la période, il n'y a pas eu de traités de réassurance.

3.2.3. Le Ratio de Gestion

Pour ce ratio, nous prendrons en compte que le ratio ayant trait avec les provisions techniques.

D'où, on aura ce qui suit : **Provisions techniques**
Chiffre d'Affaires

Tableau n° III.20 : **Ratios de gestion**

Années	2004	2005	2006	2007	2008	2009
a) P.T.	6.178,50	985,50	995,60	3.151,40	2.506,60	3.398,10
b) C.A.	20.769,13	25.487,80	28.534,80	35.197,30	31.489,62	48.828,98
Ratio : A/B x 100	30	4	3	9	8	7

Source : Calculs faits par nous-mêmes à partir des bilans condensés de la Sonas

En tout état de cause, nous remarquons que les provisions techniques de la Sonas dans son ensemble, ne permet pas à la société de faire face à ses obligations vis-à-vis des assurés et souscripteurs des contrats d'assurances. En effet, ce compte est toujours inférieur à 70%.

Section 4 : **Problèmes posés et Pistes de solutions**

Nous présentons d'abord les problèmes qui se posent avant d'aborder les pistes de solutions.

4.1. Problèmes posés

4.1.1. Problèmes liés à la créance

Le portefeuille de la Sonas regorge des créances difficilement recouvrables telles que les primes dues par les entreprises publiques et le personnel. En effet, à la Sonas, la procédure de suivi des prêts au personnel occasionne beaucoup des fuites de fonds. Ainsi, un prêt est accordé par exemple à un agent et que ce dernier n'a perçu qu'une partie dudit prêt, rien ne lui sera retenue tant qu'il n'aura bénéficié la totalité.

Le poste de prêts ainsi que d'autres créances logés dans les valeurs résiduelles demeurent souvent des valeurs gelées au lieu d'être cyclique et donc liquidées et propres à renflouer les caisses.

4.1.2. Problèmes liés au non respect du principe de l'intangibilité
de la prime pure

Au sein de la Sonas, il est connu de tous que le principe de l'intangibilité de la prime pure n'est pas respecté.

En effet, ce principe stipule que la prime pure perçue par une compagnie d'assurance ne peut être utilisée par celle-ci que pour ces frais de fonctionnement. C'est n'est pas le cas de la Sonas. Cette situation à des implications sur la gestion des sinistres.

4.1.3. Problèmes liés au non respect du principe des couvertures
des engagements réglementés

Tant que le principe de l'intangibilité de la prime pure n'est pas respecté, ce principe également ne le sera pas.

4.1.4. Problèmes liés à la politique financière

La Sonas n'a pas une politique financière efficace (pas d'investissements et de placements importants)

4.2. Pistes de Solutions

4.2.1. Concernant les créances

Il est recommandé aux dirigeants de la Sonas de gérer convenablement les créances surtout celles des entreprises publiques.

4.2.2. Concernant le principe de l'intangibilité de la prime pure

Il appartient aux dirigeants de la Sonas de respecter cette règle d'or de gestion de toute entreprise moderne dans le secteur de l'assurance.

C'est pour dire qu'ils doivent utiliser la prime pure pour la constitution des provisions techniques et des placements au lieu de l'utiliser pour les frais de fonctionnement.

4.2.3. Concernant la couverture des engagements réglementés

Que les dirigeants de la Sonas prennent conscience de la lourde tâche qu'ils ont, à bien gérer l'argent des assurés tout en les plaçant selon les quotas établis par le législateur en matière des placements.

4.2.4. Concernant la politique financière

Les dirigeants de la Sonas doivent prendre conscience de gérer. Bien gérer est un choix, c'est également respecter un certains nombres de règles et de mettre en place les moyens[24]

Ce point clôture ce troisième et dernier chapitre de notre travail. Dans les lignes qui suivent, nous présentons la conclusion générale de notre travail.

---

[24] LOKOLE K. Cours de Politique d'Entreprise, ULK, FASEG, L2 GTA, 2010-2011

CONCLUSION GENERALE

Par souci d'analogie avec l'introduction générale, la présente conclusion générale est développée en cinq points, à savoir : la synthèse de l'étude, les principaux résultats, les perspectives d'avenir et suggestions, l'axe de recherches et, enfin, l'épilogue.

1. Synthèse de l'étude

L'Evaluation des provisions techniques dans une entreprise d'assurance, tel est le sujet de notre étude. Nous avons pris comme cible la Société Nationale d'Assurance.

Pour ce faire, il nous a fallu présenter dans le premier chapitre, les considérations théoriques centrées sur la définition des concepts de base (section 1) et les généralités sur les Provisions Techniques (section 2).

Dans le deuxième chapitre, nous avons présenté la Sonas en donnant sa composition (organes) dans la première section et son préambule (sa présentation) dans la deuxième section.

Dans le troisième chapitre, nœud de notre étude, nous avons évalué les provisions techniques de la Sonas. C'est ainsi que la première section de ce chapitre a été consacrée à la constitution des provisions techniques, alors que la deuxième section a porté sur les matériels d'analyse. La troisième section a montre les différents ratios calculés sur base des provisions techniques et la quatrième et dernière section a été réservée aux problèmes posés et pistes de solutions.

Notons que ces trois chapitres sont encadrés en amont par une introduction générale et en aval par la présente conclusion générale.

2. Principaux résultats

Après investigation statistique, les résultats ci-après ont retenus notre attention :

- Les provisions techniques de la Sonas ont connu une hausse moyenne de l'ordre de 22,3% d'une année à une autre et d'une baisse sensible de 57% par rapport à l'année de base durant la période allant de 2004 à

2009. Cependant, les provisions techniques dégagent une tendance vers la baisse ;
- En ce qui concerne son ratio de solvabilité, la Sonas n'a pas une autonomie financière suffisante, cette dernière varie entre 5 et 27% durant toute la période examinée, son niveau de protection des assurés est tellement faible (P.T inférieur à 70% du total Passif). Bref, la Sonas est insolvable ;
- Quant à la gestion des provisions techniques, ce ratio est également faible, car il est inférieur à 70%. 30% à l'année de base, et le reste de la période, ce ratio est inférieur à 10%. Donc, la Sonas gère très mal ces provisions techniques.
-

Tous ces résultats confirment les hypothèses de départ selon lesquelles :

- Le comportement des provisions techniques de la Sonas dégagent une tendance vers la baisse ;
- Les règles prudentielles de la gestion des provisions techniques ne sont pas respectées car les provisions techniques sont par contre utilisées pour d'autres fins ;
- La mauvaise gestion des provisions techniques ne rassure pas sa solvabilité.

3. Perspectives d'avenir et suggestions

Suite à tout ce qui précède, nous constatons que la Sonas est confrontée à beaucoup des difficultés en matière de gestion des provisions techniques.

Cependant, au fur et à mesure que les dirigeants de cette entreprise ne respectent pas le principe de l'intangibilité de la prime pure, son niveau dégringole suite à la non indemnisation.

Ensuite, il est impérieux de retenir les produits existants pour ne pas faire une gamme des produits variés sans pour autant qu'il y ait indemnisation.

La vente des anciens comme nouveaux produits implique une action commerciale d'envergure en vue de recouvrement des créances sur des assurés, l'amélioration des sinistres crédibilisera la Sonas auprès du public.

Cette solution va permettre à l'entreprise de s'adapter aux réalités de la RDC et disposer ainsi, à tout moment des liquidités pour faire face à des pointes de trésorerie au lieu qu'à chaque paiements des sinistres les chefs de l'entreprise se livrent à des acrobaties financières, au point de les empêcher de se consacrer à d'autres tâches essentielles.

En effet, on ne peut comprendre qu'une entreprise d'assurance investisseuse institutionnelle par vocation, devienne emprunteuse de fonds au lieu d'être prêteuse.

4. Axes de Recherche

Bien qu'arrivé au terme de notre étude, nous aurions bien voulu si le temps le permettait, d'étendre nos recherches sur l'évaluation des provisions techniques et de prix de revient dans une entreprise d'assurance.

De même, la question de la libéralisation du secteur des assurances, facteur de lutte contre la pauvreté en RDC mérite bien des développements.

Ensuite, nous aurions voulu parler de la micro-assurance et ses enjeux (perspectives, avantages et désavantages) pour un pays en voie de développement. Mais, il s'agit là d'un champ plus vaste capable de faire l'objet de tout un travail de troisième cycle.

Nous ne pouvons pas prétendre avoir exploré toutes les facettes de ce sujet. Les limitations dues à ce que nous soyons un observateur externe qui ne pouvons pas avoir accès à toutes les données ont souvent handicapé notre recherche.

Il aurait été aussi intéressant d'évaluer le prix de revient des sinistres, mais cela n'a pas été possible faute de données. Nous invitons d'autres chercheurs à approfondir ces sujets.

5. Epilogue

L'imperfection est inhérente à la nature humaine et la recherche n'est pas close. Après l'élaboration de ce modeste travail, les éventuelles erreurs, omissions, faiblesses que le lecteur découvrira dans ce travail seront pour nous une opportunité de nous parfaire.

Pour toutes imperfections qui se sont glissées dans notre travail, nous sollicitons votre indulgence, vos critiques constructives sont les bienvenues.

BIBLIOGRAPHIE

I. Ouvrages

1. COUILBAULT F. et ELIASHBERG C., Les Grands Principes de l'Assurance, 9ème édition Argus, Paris 2009

2. LANDEL J., Lexique des termes d'Assurances, 6ème édition Argus, Paris, 1996

3. LEDUIT J. ; EWALD F. et LORENZI J.H., Encyclopédie de l'Assurance, édition Economica, Paris, 1998

4. PETAUTON P., Théorie et Pratique de l'Assurance vie, 3ème édition Argus, Paris, 2001

5. SIMONET G., Comptabilité des Entreprises d'Assurances, 3ème édition Argus, Paris, 1990

6. UZAN S., Pour Comprendre les Comptes des Entreprises d'Assurances, édition Argus, Paris, 1980

7. YEATMAN J., Manuel International de l'Assurance, édition Economica, Paris, 1998

II. Notes de Cours et Autres

1. KIBOTI Y., Problématique de gestion des primes au sein d'une Entreprise d'Assurances, TFC, ULK, FASEG, 2008-2009

2. KISHALA M., Cours de Gestion Financière des Entreprises d'Assurances, ULK, FASEG, L1 GTA, 2009-2010

3. KISHALA M., Cours de Comptabilité des Entreprises d'Assurances, ULK, FASEG, L1 GTA, 2009-2010

4. KISHALA M., Cours de Contrôle de Gestion des Entreprises d'Assurances, ULK, FASEG, L2 GTA, 2010-2011

5. LOKOLE K., Cours de Politique d'Entreprise, ULK, FASEG, L2 GTA, 2010-2011

6. LUKAU NK., Cours de Gestion des Assurances, ULK, FASEG, G1 GTA, 2006-2007

7. WINGENGA J., Cours des Méthodes de Recherche Scientifique, ULK, FASEG, G2 GTA, 2007-2008

III.   Webographie

1.   www.cades.com
2.   www.procomptable.com
3.   www.wikipedia.com

Table Des Matières

www.ingramcontent.com/pod-product-compliance
Lightning Source LLC
Chambersburg PA
CBHW021605210326
41599CB00010B/611